망국의 법조계 패거리들

김제방 역사서사시집

문학공원 시선 248

망국의 법조계 패거리들

김제방 역사서사시집

대한민국 역사를 보여주는 詩

감추고 과장하는 게 역사가 아니다 있는 그대로 보는 그대로를
기술하는 게 역사라 생각하고 나의 허물도 다 드러내고 있다
생각을 가감 없이 드러내어 어떤 도전에도 굴하지 않을 것이다
나는 단순히 글쓰는 사람이 아닌 역사를 쓰고 싶은 욕망이 있어서다
살아있는 생생한 역사를…

문학공원

〈서언〉

역사는 진실이다

감추고 과장하는 게 역사가 아니다
있는 그대로 보는 그대로를
기술하는 게 역사라 생각하고
나의 허물도 다 드러내고 있다
생각을 가감 없이 드러내어
어떤 도전에도 굴하지 않을 것이다
나는 단순히 글쓰는 사람이 아닌
역사를 쓰고 싶은 욕망이 있어서다
살아있는 생생한 역사를…

역사상(歷史上)
산업혁명시대에 서구권에서는
비약적인 발전을 하고 있었지만
우리의 역사는 그렇지 못했다
뼈아픈 역사를 극복하고
똥구멍이 찢어지게 가난한 나라를
선진국으로 끌어 올려놓은
박정희 대통령에게
뭐라? 쿠데타? 독재자라?
이 오라질놈의 새끼들아…!

차례

제2장 이것도 재판이다

제3장 민변출신 변호사 수난

제4장 공식선거운동 시작

제5장 눈떠보니 후진국

제6장 22대 총선 여당 참패

제1장

2024년 선거의 해

미국 대선레이스 개막

조 바이든 미국 대통령과 도널드 트럼프 전 대통령이
2024년 3월 5일 미국 17개 지역에서 열린
'슈퍼 화요일' 대선 경선에서 각각 압승을 거뒀다
민주당과 공화당 대선 후보 확정(19일)을 앞둔 두 사람은
경선 결과가 나오자마자 서로를 겨냥하며
11월까지 8개월간 이어질
대선 본선 레이스의 시작을 알렸다
바이든 대통령은 캘리포니아 등 15개 주와
미국령 사모아에서 치러진 민주당 경선 가운데
15곳에서 승리했다
트럼프 전 대통령 역시
15개 주에서 치러진 공화당 경선에서
버몬드주를 제외한 14개 주에서 승리했다
이에 따라 대선은 8개월간 본선 레이스에 돌입한다

민주당 DNA 바뀐다

단순히 '친명당'이 된다기보다
당의 DNA자체가 바뀌고 있다
'비명횡사' 등 공천파동을 겪고 있는
더불어민주당의 현 상황에 대한 관계자의 설명이다
"주류가 친문에서 친명으로 바뀌는 수준이 아니라
민주당 역사상 가장 왼쪽으로 옮겨가는 중"이라고 했다
민주당의 이념적 지형이 이번 총선을
기점으로 요동칠 전망이다

민주당은 그동안 '서민과 중산층의 정당'
'민주개혁세력' 등을 자임해 왔지만
스스로 이념 '레프트'라고 내세우지는 않았다
하지만 이번 총선 공천을 거치며
당의 주요 그룹이었던 친문 · 86 · 동교동계 등이
탈당 및 낙마로 대거 이탈하고
그 빈자리를 한국대학총학생회연합(한총련)
경기동부연합 · 좌파시민단체 등으로 채워지면서
민주당의 좌클릭 경향이 한층 강화될 가능성이 커졌다
민주당 'DNA' 교체에서 두드러진 것은
운동권의 세대교체다
즉 '86전대협'의 퇴조 '97한총련'의 부상이다

윤 대통령 민생토론

더불어민주당 이재명 대표가 3월 6일
윤석열 대통령이 올해 초부터 17차례 진행 중인
민생토론회와 관련해 "중앙선거관리위원회 · 경찰 · 검찰은
이 명백한 불법 선거운동을 두고
대체 뭐 하고 있냐"고 날을 세웠다
윤 대통령은 "민생토론회를 여는 이유는
국민들 어려움을 현장에서 듣고
즉각 문제를 해결하기 위한 것"이라고 밝혔다
윤 대통령이 이례적으로 민생토론회 개최 배경을
직접 설명한 것을 두고
이 대표의 주장을 우회 반박했다는 해석이 나온다
홍익표 원내대표도
"두 달 동안 925조원 퍼주기를 약속했다
대통령을 앞세운 선심성 공약 살포와
불법 선거운동에 대해 선관위는
즉각 조사에 착수해야 한다"고 가세했다
민주당 지도부가 일제히 '불법 선거운동'이라며
선관위 압박에 나선 것을 두고
당 지지율 하락세 속 마땅한 반전 카드를
찾지 못하면서 결국 '정권 심판론'에
다시 불을 지피고 있다는 분석이 나온다

민주당 핵심 관계자는 “공천 파동을 거치면서
서울을 비롯한 수도권을 중심으로
판세가 급격히 나빠지고 있다
과반은커녕 120석도 쉽지 않다는 전망이 나온다”며
“최근에는 이 대표도 심각성을 느낀 탓에
메시지 수위가 높아지는 것”이라고 했다

손명순 여사 별세

김영삼 전 대통령 부인 손명순 여사가
3월 7일 서울대병원 중환자실에서
향년 96세로 별세했다
1929년 경남 김해에서 태어난 손 여사는
이화여대 재학 중이던 1951년 3월 6일
6·25전쟁을 피해 부산으로 갔다가 중매로 만나
동갑내기인 김 전 대통령과 결혼했다
부친은 종업원 800여 명을 둔 경향고무 사장이었고
당시 김 전 대통령은 장택상 국회의원 비서관이었다
야당 정치인의 아내로 오래 산 손 여사는
"남편을 위해 헌신한 '그림자 내조의 달인'으로 불렸다
상도동 자택에 찾아오는 측근들에게
언제든 시래기국에 갈치 한 토막을 내어온
특유의 내조법으로도 유명하다
때마침 선거철이라 추모엔 여야가 따로 없었다
서울대병원 장례식장엔
정치권 인사의 발길이 온종일 이어졌다

이재명의 민주당

더불어민주당에서 비명계 현역의원들의
피바람이 불고 있다
하위 20%가 받는 감산 페널티가 치명타였다는 것이다
이재명 체포동의안 가결 사태가
하위 20% 평가에 영향을 미치고
경선결과까지 그 후과가 따라오면서 논란이 남게 됐다
비명계 현역 의원 대거 탈락을 통해
'이재명의 민주당'은 선명해졌다
대신 당내에선 본선 경쟁력이 떨어질 수 있다는
불안이 증폭되고 있다

더불어민주당을 탈당한 홍영표 · 설훈 의원이
이낙연 공동대표가 이끄는
새로운미래(새미래)에 입당한다
이들은 비명계 탈당파를 중심으로
'민주연대'를 꾸미거나
아예 새로운미래의 당명을 민주연대로
바꾸는 방안까지 검토 중이다
홍영표 · 설훈 의원은 국회에서
김종민 새미래 공동대표 · 박영순 의원과
기자회견을 열고

"민주주의를 흔드는 기득권 양당의
패권정치 · 방탄정치를 심판할 수 있는
새로운 정치세력이 필요하다"면서
"새로운미래를 포함해
윤석열 심판 · 이재명
방탄 청산을 바라는 모든 분들과 힘을 합칠 것"이라며
새미래 입당을 선언했다

빨치산 패거리

북한은 한 줌도 못 되는 패거리가 똘똘 뭉쳐
나라를 나락으로 끌고 간 역사적 사례다
한때의 투쟁 경력을 훈장으로 내건 인간들이
타락할 수 있는지 보여주는 사례도
북한에서 찾을 수 있다고
동아일보 주성하 기자의 '서울과 평양 사이' 칼럼에서
지적하고 있다
김일성이 소련 88여단 대대장일 때 거느렸던
한인 부하는 60여 명이었다
김일성은 광복 후 소련의 비호와
빨치산 출신들에 의지해 권력을 장악했다
그대부터 북한은 80년 넘게 물갈이가 되지 않았다
빨치산 패거리들의 특징은
첫째로 형편없이 무식했다는 것이다
김일성보다 투쟁 경력이 더 긴 사람들도 있었지만
김일성이 대장 노릇을 한 것은
그나마 글을 알았다는 이유가 컸다
빨치산 출신 가운데 중학교 졸업 이상의 학력자는
손꼽을 정도였고 대다수가 글을 읽지 못했다
머리가 텅 빈 인간들이 권력을 잡았으니
북한은 절대 잘 살 수가 없었다

여기에 "수령님 하는 일은 무조건 좋다"고
환호를 지르는 무식한 머슴과 노동자 출신들을 승진시켜
나라의 핵심으로 삼았으니
무식한 패거리들은 온 나라를
무지한 땅으로 만든 것이다
빨치산 패거리들의 두 번째 특징은
강한 권력욕과 무자비한 정적 숙청이다
세 번째 특징은 성적으로 문란했다는 것으로
여성은 보상과 전리품에 불과했다
네 번째 특징은 조국과 민족 따윈 안중에도 없으며
죽을 때까지 권력과 향락을 실컷 누리고도 모자라
대대손손 대물림하는 체제를 만들었다
2021년 마지막 빨치산 1세가 사망했다
김주애는 빨치산 패거리의 4세라고 했다

설마 2찍?

이재명 더불어민주당 대표가 또 하나의
구설(口舌)로 화근을 자초했다
3월 8일 자신의 지역구인 인천 계양을의
한 식당에서 만난 시민들에게
"설마 2찍 아니겠지"라고 웃으며 인사했다가
논란이 됐다
'2찍'은 지난 대선 때 더불어민주당 강성지지자들이
기호2번 윤석열 후보에게 투표한 사람들과
국민의힘 지지자를 조롱 비하할 때 쓰는 표현이다
이 대표는 3월 10일 '2찍' 발언에 대해
"상대 당을 지지하는 국민도
민주당을 지지하는 국민도
모두 같은 주권자이고 이 나라의 주인"이라며
'대단히 부적절했다
정중히 사과 드린다"고 고개를 숙였다
국민의힘은 "뒤늦게 여론에 떠밀려 사과했지만
국민을 편가르고 비하한 이 대표의 '2찍' 발언은
주워 담을 수 없다"고 했다

비명횡사의 완성

대표적 비명계 박용진 더불어민주당 의원이
4·10총선 공천에서 탈락했다
대신 친명계 정봉주 당 교육연수원장이
서울 강북을 본선을 확정지었다
민주당 '청년전략지역구'로 지정된
서울 서대문갑에서는 '대장동 변호사'로 불리는
청년계 김동아 변호사가 공천을 받았다
박용진 의원 탈락과 김동아 변호사의 공천은
민주당 내 "비명횡사 친명횡재" 파동의
정점을 상징하는 사건으로 평가받을 것으로 보인다
당내에서 비판적인 목소리를 내던
박용진 의원의 탈락은
수도권 중도층 유권자들의 표심에도
부정적 영향을 줄 수 있다는 우려가 나오고 있다

서울중앙지법 민원회신

2024년 1월 28일 서울중앙지방법원장 앞으로 보낸
제2차청원서에 대한 회신이
3월 11일 발송한지 43일 만에 도착했다.

① 우리법원 총무과-1389호(2024. 01. 31.)로
접수된 귀하의 민원서에 대한 회신입니다.

② 귀하의 민원내용은 서울중앙지방법원
2023타경112661 부동산강제경매 사건과 관련하여
경매3계에 보낸 서신이
인천가정법원 부천지원 2023드단105566
재판상 파양 소송준비서면에 갑제17,18호 증으로
첨부된 것에 이의를 제기하는
내용으로 보입니다.

③ 귀하의 민원과 관련하여
전자소송의 등록사용자로서
해당 사건의 전자소송 동의를 한 당사자,
소송대리인은 전자소송 홈페이지에서
그 내용을 확인하고
이를 서면으로 출력할 수 있음을 알려드립니다

(민사소송 등에서의 전자문서 이용 등에 관하 규칙 제38조).

④ 귀하의 의견을 소중하게 받아들여 사법업무 개선에 참고하도록 하겠으며 앞으로도 법원에 대한 불편사항이나 사법행정 개선에 관한 의견을 보내주시면 사법업무 발전에 적극 반영토록 노력하겠습니다. 감사합니다.

쏟아지는 부동산경매

무너지는 '영끌' 쏟아지는 부동산 경매…
부동산 고수와 현금부자들이 모여 있는 경매시장은
부동산 경기 선행지표로 통한다
경매를 찾는 발걸음이 뚝 해지면
부동산이 하락기에 접어들었다는 뜻이며
반대로 경매시장이 꿈틀대면
침체기가 끝났다는 신호로 본다
요즘 경매시장은 매물은 쌓이는데
참여하는 사람이 줄면서
역대급 한파가 몰아치고 있다
올 1월 전국 법원에 들어온 신규 경매 신청은
10,000건을 넘어서며
월별 통계로 10년 6개월 만에 가장 많았다
고금리와 경기침체의 직격탄을 맞은
가계 · 기업 · 자영업자들이 빚을 제때 갚지 못하면서
경매로 넘어가는 부동산이 급증하고 있는 것이다
국내 기업 10곳 중 4곳이 번 돈으로
이자도 못 내는 형편이고 한계에 부닥친
소상공인 · 자영업자의 줄폐업이 이어지다
보니 아파트형 공장이나 상가도
줄줄이 경매에 나오고 있다

무엇보다 경매로 날리는 '영끌족'의
부동산이 수두룩하다
지난해 경매가 진행된 서울 아파트는
7년 새 가장 많았고
최근 교통이나 학군 좋은 대단지 아파트도
대거 경매로 쏟아지고 있다
아파트부터 상가 · 빌라까지 경매 물건이 쌓이지만
수차례 유찰에도
주인을 찾지 못하는 사례가 속출하고 있다
부동산 시장 침체와 고금리 폭탄의 파장이
영끌족의 눈물을 거쳐
금융권 부실로 옮겨가고 있어 우려스럽다고…

반미논란 후보 사퇴

더불어민주당이 야권 비례대표 위성정당인
더불어민주연합의 시민사회 몫 후보자 4명의
교체를 요구한 가운데
반미성향 단체 활동 이력으로 논란이 됐던
전지예 · 정영이 두 후보가 사퇴했다
3월 10일 시민단체 여성 몫
비례 1, 2번으로 뽑힌 지 이틀만이다
과거 한미연합훈련 반대시위를 벌인
반미단체 '청년겨레하나' 대표 이력과
사드배치 반대 시위주도 사실 등이 드러나
민주당이 후보 교체를 요구한 지 하루 만이다

국민의힘 선거대책위원회

국민의힘이 3월 12일
한동훈 비상대책위원장을 총괄 선대위원장으로 앞세우고
윤재옥 · 나경원 · 안철수 · 원희룡 등 4명을
공동선대책위원장으로 하는
4 · 10총선 선거대책위원회를 출범시켰다
한 위원장은 이날 오전에 민주당을 향해
'반미 · 종북 논란'에 대한
"정책적 해답을 내놓으라"고 요구했다
"민주당이 반미 · 종북 · 한미연합사 해체 ·
한미연합훈련 중지를
총선 공약으로 내건 건지 궁금하다"며
"주한미군 철수 같은 방위체제를 없애야 한다는
생각을 공개적으로 주장해온 분을
비례 1번으로 제시하지 않았나"라고 비판했다

민주당 3인 선대위원장

더불어민주당 4 · 10총산을 진두지휘할
선거대책위원회가 3월 12일 닻을 올리고
본격적인 선거 체제에 들어갔다
이재명 대표와 김부겸 전 총리
이해찬 전 대표 등 3인 공동상임위원장 체제로 열린
첫 회의에서 이 대표는
"이번 총선은 윤석열 정권 2년 동안의
민생경제 파탄 · 민주주의 붕괴 · 평화 실종을 심판하는
일대 결전이고 대한민국이 이대로 무너질 것이냐를
결정짓는 역사적 분수령"이라고 주장했다
이어 "심판의 날에 국민께서 떨치고
일어나 심판해주실 것으로 믿는다"며
지지를 호소했다

조국혁신당

조국 대표가 이끄는 조국혁신당은
돌풍까진 아니지만
바람 정도는 돼 보인다고 한다
창당 1주일째지만 여론조사에서
정당 지지율 15% 안팎을 기록 중이다
정치권에서는 "10석 획득" 전망도 나온다
'조국 바람'에 대한 해석이 분분하다
먼저 선명성을 기치로 내건
선거전략이 주효했다는 해석이다
조국 대표는 3월 12일 조국혁신당의
22대국회 첫 번째 과제로
'한동훈 특검법' 발의를 공언했다
"검찰 독재의 황태자 한동훈 비대위원장이
평범한 사람들과 같이 공정하게 수사 받도록 하라는
국민의 명령을 받드는 행동"이라고 말했다
조국혁신당의 인적 구성의 코드는
'친문재인'이다

시급한 의료개혁

서울대 의대교수들이 3월 12일 정부에
의대 증원 속도 조절을 제안했지만
정부는 "의료개혁이 시급하다"며 거절했다
"해외 전문기관에 연구를 맡기자"는
주장에 대해서도 "수용할 수 없다"는 입장이다
보건복지부는 "시기를 1년 늦추면 피해는
훨씬 커질 것이다
필수의료 부족으로 인한 국민고통을 생각할 때
선택할 대안이 아니다"고도 했다
윤석열 대통령은 이날 의대 증원 확대를 포함한
의료 개혁에 대해 "원칙대로 신속하게 추진하라"고 했고
청와대 상춘재에서의 종교지도자 오찬에서도
의료개혁을 위한 종교계의 협력을 당부했다

사천 우주클러스터

윤석열 대통령이 3월 13일
① 경남 사천
② 전남 고흥
③ 충남 대전을
세 축으로 하는 우주산업 클러스터 삼각 체제를 구축해
2045년까지 우주산업 규모를
100조원으로 키운다는 계획을 밝혔다
윤 대통령은 사천 한국항공우주산업(KAI)에서 열린
'대한민국 우주산업 클러스터 출범식'에 참석해서다
"'한강의 기적' '반도체의 기적'에 이어
대한민국 세 번째 기적은
'우주의 기적'이 될 것"이라고 강조했다

박용진의 쓴소리

더불어민주당은 생명체가 없는
'사막화' 과정에 들어갔다
조금 다른 의견
애정 어린 비판조차 용납 못하는 당으로
국민에게 비치는 것이 가장 걱정스럽다
민주당 박용진 의원은 3월 13일
공천 파동에 대해 이같이 말했다
서울 강북을 재선 현역인 박 의원은
3월 11일 치러진 경선 결선에서 친명계
정봉주 전 의원에게 패배해 탈락했다

박 의원은 이재명 대표와 지난 대선 · 전당대회 때
연이어 경쟁했고 이 대표의 사법리스크 국면에서
거듭 '불체포특권 포기'를 제안하는 등
당내 대표적 소신파로 꼽힌다
그는 지난달 스스로 '현역의원 평가
하위 10%' 통보를 받은 사실을 밝히며
경선과정 전반에 대해 문제를 제기했다
하위 10%는 경선 득표의 30%를 감산당한다
박 의원은 이날 당에 경선결과에 대한
재심을 신청했다

다만 "재심 결과에 관계없이 남아 당의 정상화와
재건을 위해 노력할 것"이라고 말한 그는
자신을 비롯해 하위 10-20%에 들고도
끝까지 경선을 치른 비명계 의원들을
'민주당 바보들이'이라고 지칭
그러나 "비록 지금은 패배의 길을 가는 것 같지만
그 길이 맞았다는 것을 증명하겠다"고 했다

김밥 할머니

50여 년 동안 김밥을 팔아 모은
전 재산 7억 원 이상을 이웃을 위해 기부해
'김밥 할머니'로 불렸던 박춘자(94) 할머니가
3월 11일 별세했다
박 할머니는 마지막으로 남은
집 보증금 5천만 원도 모두 기부하고 떠났다
365일 하루도 쉬지 않고 장사를 한 할머니는
자신보다 어려운 이웃을 돕겠다는 생각을
40여 년 전 성당을 다니면서 실천에 옮겼다
신부가 데려온 발달장애인 아이들을
직접 키우기로 결심한 것이다
이후 장애인 11명이 머물 집을 마련하고
아흔 넘어 기력이 다할 때까지 자식처럼 돌봤다
젊은 시절 아이를 낳지 못해
이혼당한 아픔이 있던 박 할머니에겐
늦게 얻은 자식이나 마찬가지였다고 한다

막말정치의 퇴치

4·10총선 공천이 확정된 일부 후보들의
과거 막말이 드러나 총선 민심이 흔들리면서
여야가 일부 공천을 취소했다
국민의힘 대구 중·남구에 출마하는
도태우 후보의 공천을
더불어민주당 서울 강북을 정봉주 후보
공천을 취소했다
그런 가운데 이재명 대표가 총선에서
"살만하면 2번을 찍든지
아니면 집에서 쉬어라"라는 취지의 발언을 하자
국민의힘이 즉각 막말이라고 되받았다
3월 14일 세종청사를 찾은 이 대표는 시민들에게
"1번을 찍지 않는 것은
곧 2번을 지지하는 것"이라며 한 말이었다

문정부 집값통계조작

문재인 정부의 대통령정책실장과
국토교통부장관 등이 주요 정책 발표나
선거 국면에서 주택가격 통계를
125회 조작한 혐의로 무더기로 기소됐다
검찰은 부동산 · 고용 · 소득 통계조작 의혹 사건과 관련해
김수현 · 김상조 전 청와대 정책실장과
김현미 전 국토교통부 장관
강신운 전 통계청장
홍장표 전 경제수석 등
문재인 정부 주요 인사 11명을
직권남용 권리행사 등 혐의로 불구속 기소했다

이종섭 리스크

4 · 10총선 서울 최대 격전지인
한강벨트 지역구 후보자들이 3월 14일
이종섭 호주 대사의 출국 및 부임 논란에 대해
"정권 심판론의 빌미를 줬다"
"대통령실이 결자해지해야 한다"며 들끓고 있다
이에 대해 대통령실은
"더불어민주당의 정치 공작에 휘말리지 않겠다"며
정면 돌파하겠다는 태도다
이종섭 대사도 "공수처가 나를 조사하기 위해
출석통보를 한다면 언제라도 들어오겠다
당장 내일이라도 떳떳하게 들어와 조사받겠다"고
말한 것으로 알려졌다

의대 교수 6,440명 사직

정부의 의대 입학정원 확대에 반발하며
사직 수순에 돌입한 교수들이 3월 15일
오후 8시 기준으로 13개 대학에서
총 6,440여 명에 달하는 것으로 나타났다
이들은 응급 상황을 제외한 수술 중단
신규 환자 진료 중단
외래 축소 등을 예고해
국민 불안이 커지고 있다
한편 전공의 이탈로 수술이 줄면서
빅5 병원의 경우 하루 10억 원 이상의
손해를 보는 것으로 알려졌다
정부는 내년에 늘어나는 의대 정원 2,000명을
전국 의대 40곳에 배정하기 위한
첫 회의를 3월 15일 열고
본격적인 배분 작업에 착수했다

제2장

이것도 재판이다

황혼이혼

참으로 허망한 일이다
재혼해서 35년간 잘 살아주어서
나는 고마운 마음으로
아내가 하고 싶은 대로 그러라고 했다
아내는 집을 나가면서 "그동안 행복했다
고맙다"고 인사까지 했다
서울가정법원에서 아내는 집을 나갈 때
이혼생각을 하지 않았고
위자료와 자산분할도 요구한 일이 없다고 했다
나는 판사 앞에서 그러면 이혼소송은
정무식 변호사의 작품이냐고 물은 일이 있었다
서울가정법원에서는 기각판결을 했다

고등법원 항소

아내는 다시 서울고등법원에 항소하면서
이혼하지 않는 조건으로 3억 원을 요구했다
서울고등법원 재판 첫날 판사 앞에서
'서울가정법원에서 누구의 작품이냐고
아내에게 물은 기억'을 떠올리면서
"이번에 이혼하지 않는 조건으로
3억을 요구한 것은 누구의 작품이냐?"고 물었다
이때 김시철 판사가 "잠깐! 어디 그런 말이?"하면서
나의 말을 중단시켰다
나는 어이가 없어서 옆에 있던 최나리 변호사에게
"이게 어떻게 된 겁니까?
그러는 순간 재판은 끝나고 말았다
재판을 시작하고 2~3분도 되지 않아서다

고등법원 두 번째 날

재판이 시작되기 전에 최 변호사에
“판사가 준비서면도 읽어보지 않고
재판을 하고 있다
저토록 무성의한 판사가 어디 있느냐?
기피신청을 하면 안 되겠느냐”고 했지만
최 변호사가 난색을 표했다
재판이 시작되자
아내는 35년 동안 용돈도 주지 않고
구박만 받았다고 징징거리고 있을 때
판사는 컴퓨터 화면으로 아내 임용원이 제출한
우리은행 거래명세를 비춰주고 있었다
아내의 진술이 끝나고
“나도 한마디 하겠습니다”하면서
“지금 저 화면에 비춰진 거래 내용에는
우리 큰딸이 몇 년간 용돈으로
매월 말 자동 이체한 금액과
작은 사위가 30만 원을
매월 말 자동 이체한 기록이 있습니다
저건 용돈이 아니고 뇌물이란 말입니까?”
이때 최나리 변호사가
나의 말을 가로 막고 나왔다

"그러시면 안 돼요!"
순간 판사는 재판을 중지시켰다
재판 시작해서 2~3분만에 끝났지만
이걸 재판이라고 한다

고등법원 3, 4회 재판

우리 담당 LAW & US 최나리 변호사는
3회 재판에 나오지 말라고 해
나는 참석하지 못했다
4회째는 참석했지만
6, 7건의 판결문을 동시에 낭독하는 것으로
모든 재판은 끝났다
이혼과 재산분할 818,000,000원이
이때 선고되었다

최나리 변호사와 상의했으나
대법원에서 승소할 확률은 0%라고 하면서
원고와 합의하는 게 최선의 방법이라고 해서
아내에게 전화를 걸었다
아내는 "사위 김승태가 한 일이라
나는 아무것도 모릅니다"라고 하면서
"지금 여행을 갔는데 돌아오면
전화를 걸라고 하겠다"고 했다
며칠을 기다려도 전화는 오지 않았다

대법원 판결

나는 대법원에 상고(上告)했다
대법원은 '불심속행기각'이란 판결을 함으로써
우리의 재판은 허무하게 끝나고 말았다

그 후 나는 서울중앙지방법원에 2회
서울고등법원에 1회, 대법원에 2회
헌법재판소에 1회에 걸쳐 청원서를 제출했다
2024년 2월 29일 부동산 강제경매가
실시되었지만 유찰되었다
4, 5, 6월 3회에 걸쳐 부동산강제
경매가 예정돼 있다

서울중앙지법 3차 청원서

서울중앙지방법원
김 정 중 법원장 귀하

안녕하십니까? 2024년 3월 11일 서울중앙지방법원 2023타경112661 부동산강제경매 사건과 관련해 귀 법원의 2차 민원서 회신을 감사하게 받았습니다. 또 민원을 올리게 된 것을 죄송하게 생각합니다. 저도 4년여 동안 송사로 시달려 피곤합니다.

이것이 마지막이라 생각하고 말씀드립니다.

내 나이 91세입니다. 주책없이 민원이나 올리는 늙은이가 되었습니다.

다름 아니오라 저희 집이 2024년 2월 29일 실시한 서울중앙지방법원 1차경매(감정가 1,800,000,000원)에서 유찰되었습니다.

앞으로 4, 5, 6월 3회에 걸쳐 경매가 예정되어 있습니다. 6월 4차경매에서는 경매가격이 921,600,000억 원으로 공시되어 있습니다.

감정평가사가 평가한 금액에 절반에 해당합니다.

4차에서 낙찰이 된다면 자산분할액+이자+상대변호사의 성공보수를 지급하기에도 부족한 금액입니다. 이게 자산분할입니까? 이건 자산 몰수입니다.

법원에서 이를 강행한다면 심각하게 고민을 할 때가 된 것 같습니다.

원고인 아내 임용원은 "사위 김승태가 한 일이라 나는 모릅니다"라고 하면서, 부동산 강매신청을 해놓고 행방불명이 되어 생사를 모르고 있습니다. 김승태가 미국 국적자로 미국 공인회계사입니다. 하와이에서 사무실을 운영하고 있으니 미국에 갔을 거라는 추측을 하고 있을 뿐입니다.

우린 재혼해서 35년간 행복하게 잘 살던 부부입니다. 재판과정에서 무엇이 잘못되었는지 이 지경에까지 이르렀지만, 이혼을 하더라도 대화를 통해 원만하게 해결하고자 하는 것이 제 소망이었습니다.

원고 임용원이 나타나서 대화할 때까지만이라도 강제매각을 유예해달라는 청원서를 서울고등법원 · 대법원 · 헌법재판소에까지 제출하였습니다. 그러나 아직도 미진한 게 사실입니다. 법에도 눈물이 있다고 했습니다. 인정사정없이 국가권력을 이렇게 행사한다면 우리 같은 나약한 국민은 누굴 믿고 살아야 합니까? 참담합니다. 선처하여 주시기 바랍니다. 죄송합니다.

별첨: 역사서사시집 『법조계의 경고음』 1부

김 제 방

총선공천 마무리

4 · 10총선에서 당적을 유지하면서
본인의 지역구에 그대로 출마하는
현역의원 비율이
국민의힘은 57.3%
더불어민주당은 59.3%로 집계됐다
특히 공천파동을 혁신의 일환이라고 주장해온
민주당의 '현역 생환율'이 국민의힘보다 높았다
3월 17일 정치권에 따르면 전국 254개 선거구 중
국민의힘은 252곳
더불어민주당은 245곳의 후보를 확정했다
국민의힘은 주류인 친윤계 후보들이
주로 강세를 보였으며
더불어민주당은 친명계 원외 인사들이
비명계 현역들을 물리치고 본선 기회를 얻은
'비명횡사' 공천이 드러났다

공천 후유증

한동훈 국민의힘 비상대책위원장이
3월 17일 '도피출국' 논란에 휩싸인
이종섭 주호주대사(전 국방부장관)에 대해
"고위공직자범죄수사처(공수처)는
즉각 소환 통보를 해야 하고
이 대사는 즉각 귀국해야한다"고 밝혔다
'회칼 테러'발언으로 문제적 언론관을 드러낸
황상무 대통령실 시민사회수석에 대해선
"국민 눈높이에 맞지 않는 발언이고
본인 스스로 거취를 결정해야 한다"고 했다

고 노무현 전 대통령을 폄훼한
양문석(경기 안산갑) 후보를 둘러싼
더불어민주당의 내홍이 커지고 있다
양 후보는 과거 "매국질-2007년"
"실패한 불량품-2008년" 등의 말로
노무현 전 대통령을 비하하는 칼럼을 썼다
지난해 출마 선언문에서는
"수박 그 자체인 전해철과 싸우러 간다"고 썼다가
중징계를 받았지만 검증을 통과해
안산갑 경선에서 득표율 20% 감산 대상인

전해철 의원을 이겼다
친노 · 친문 인사들의 성토도 이어졌다
"가슴 깊이 치밀어 오르는 분노를 참기가 어렵다"
"김대중 · 노무현을 욕보이고 조롱한 자를
민주당이 후보로 보낸다는 것은
당의 정체성을 파괴하는 것" 등이다
그러나 이재명 대표는 이날 "(국민의힘 후보들의)
'이토 히로부미는 훌륭한 인재'
'5 · 18은 북한군이 개입한 폭동'
'이런 게 막말'이라며
양 후보의 공천을 유지하겠다는 방침을 강조했다
그는 전날 "노무현 대통령께서는
'대통령 욕하는 게 국민의 권리 아니냐'고 했다"
"정치인에 대한 비판은 표현의 자유"라며
양 후보를 두둔하고 있다
이해찬 위원장도 "선거 때는 그런 것에
흔들리면 안 된다"고 거들고 있다

당내 계파 갈등이 재점화된 가운데
더불어민주당 정봉주 전 의원의 공천 박탈로
다시 공석이 된 서울 강북을에서 정봉주와
결선에서 패배한 현역 박용진 의원과
노무현재단의 이사를 맡고 있는
조수진 변호사 간 2인 경선을 확정지었다

현역 의원 하위 10%로 분류된 박용진 의원은
이번에도 30%를 깎이는 반면
조수진 변호사는 여성 정치 신인 가산점 25%를 받게 돼
박 의원에게 불리하다는 비판이 나온다

최대 격전지 여론조사

4 · 10총선이 23일 앞으로 다가온 가운데
최대 격전지의 초반 판세가
팽팽한 것으로 나타났다
이재명 더불어민주당 후보와
원희룡 국민의힘 후보 간
인천 계양을 판세는
이재명 후보 48%
원희룡 후보 40%로 조사됐다
경남지사 출신 간 맞대결이 벌어지는
경남 양산을에선
김태호 국민의힘 후보 45%
김두관 민주당 후보 41%로 팽팽하다
임종석 전 대통령비서실장 컷오프로 논란이 됐던
서울 중-성동갑은
윤희숙 국민의힘 후보와
민주당 전현희 후보 모두 39%로 동률이다
대통령실 시민사회수석 출신과 전직 충남지사가
맞붙은 충남 홍성-예산에선
강승규 국민의힘 후보 46%
양승조 민주당 후보 37%로 나타났다

차르 푸틴 30년 집권

블라드미르 푸틴 러시아 대통령(72)이
처음으로 3일간(3.15-17일) 치러진 대통령 선거에서
역대 최고 득표율(87.28%)로 압승하며
5선을 확정했다
새 임기 6년을 채우면 푸틴 대통령은
30년을 집권하게 돼
스탈린 전 소련 서기장을 넘어서는
러시아 현대사 최장 집권기록을 세우게 된다
푸틴 1인 지배 체제가 더욱 공고해지면서
미국과 유럽 등 서방과의 관계는 더욱 악화하고
중국 · 북한 · 이란과는 더욱 밀착할 것으로 전망된다
푸틴 대통령의 장기집권이
러시아의 안정을 위협한다는 분석도 나온다
CNN은 "지난 20년간 그의 통치하에
구축된 시스템은 취약하고 고령화됐으며
무엇보다도 최고지도자의 질명이나
사망과 같은 큰 충격에 취약하다"고 지적했다

법원장의 재판

“법원장으로서 재판하게 돼 영광입니다
장기간 미뤄진 사건을 일부나마 처리하고
(사법부에 대한) 국민의 신뢰를 회복하기 위해
최선을 다 하겠습니다”
3월 18일 서울 서초구 서울행정법원
206호 법정 판사석에 앉은
김국현(58) 서울행정법원장이
재판을 주재하기 전 이렇게 말했다
법원장 재판은 조희대 대법원장의 취임 일성이었던
재판 지연 문제 해결을 위해
14일 경기 수원지법을 시작으로
최근 전국 법원에 도입됐다
법원행정처에 전국 37개 법원이
모두 법원장 재판에 참여하고 있다

조국혁신당 비례후보

조국혁신당이 3월 18일 여의도 당사에서 발표한
비례대표 후보 순번에 따르면
조국 대표와 박은정 전 검사 황운하 의원 등
반윤석열 인사들을
4 · 10총선에 나설 비례대표로 앞세웠다
1번에 박은정을 위시해
2번 조국 · 이해민 · 신장식 · 김선민 · 김준형 ·
김재원 · 황운하 등 20명이다
그러나 조국혁신당이
범죄 혐의자들의 도피처가 될 것이라는 우려는
결국 현실로 드러났다
실형을 받았거나 재판 중인 인사들이 주축이다
"한숨만 나오는 '범죄 도피처' 조국혁신당"이란
중앙일보 사설이다

제3지대 정당의 공약

제3지대 정당들은 공약에서도 틈새시장 전략으로
거대 양당과 차별화를 꾀하고 있다
이준석 개혁신당 대표가 지난 1월 발표한
'지하철 노인 무임승차 폐지'다
이낙연 대표가 이끄는 새로운미래는
3월 19일 "권력투쟁에서 문제 해결의
정치로 바꾸겠다"며

▶ 민생타협위원회

▶ 국가미래위원회

▶ 정치선진화위원회 설치를 공약했다

정치개혁 1호 공약은 판검사출신은
퇴임 후 2년이 지나야 공직선거에 나설 수 있게 하는
'국회의원 환승금지법'이다
녹색정당은 생태와 노동 특화 공약을
진보당과 조국혁신당의 1번 공약은
모두 검찰개혁이다

여권의 공멸 위기

지난 1월 불거졌던 '윤 · 한 갈등'이
4 · 10총선을 20여일 앞두고 2라운드를 맞고 있다
① 이종섭 귀국
② 황상무 사퇴가
한동훈 국민의힘 비상대책위원장의 압박 카드라면
비례대표 사천(私薦) 논란은 대통령실의 반박 카드다
양측의 신경전이 길어지면서
여권의 공멸위기감(共滅危機感)도 커지고 있다
수면 아래로 잠복했던 파열음이 터진 건
국민의힘 위성정당인 국민의미래
비례대표 후보명단 때문이었다
친윤계 핵심인 이철규 의원이 명단 발표 직후
공개적으로 지적했듯이
"비상대책위원 2명이 비례대표에 포함되었고
호남 기반 정치인은 배제된 게 실망스럽다"는 게
대통령실의 기류였다
여권에선 "장예찬 전 최고위원의 공천 취소와
용산 참모 출신 후보들에 대한 역차별로 누적된
대통령실의 불만이 불거진 것"이라는 해석이 나왔다
대통령실 한 관계자는 "비례대표 공천 결과에
호남지역 배려 차원에서

주기환 전 광주시당 위원장이나
민영삼 전 당 대표 특보 등이 당선권에 들어갔으면
더 좋지 않겠는가"라고 했다
검찰 수사관 출신인 주기환 전 위원장은
윤 대통령 검찰 근무 당시 함께 일해
가까운 사이로 알려졌다

21대 총선에서 국민의힘은 수도권 총 121석 중
16석(서울 8석 · 경기 7석 · 인천 1석)만 가져갔다
당내에선 "용산발 리스크에 비례 사천 논란과
한동훈 원톱 한계론이 겹쳐
총체적 위기에 빠졌다"는 지적이 나왔다
3월 19일 국민의힘 중앙선거대책위원회 발대식이
열린 가운데 수도권 후보들은
'여권에 등을 돌리는 바닥 민심'을 전했다
한동훈 위원장은 이종섭 호주대사
황상무 대통령시민사회수석비서관 논란과 관련해
"그 부분을 정리해야 한다"고
기존 입장을 재확인했다
하지만 대통령실은 한 위원장 요구에
응할 뜻이 없는 것으로 전해졌다
한 위원장은 발대식에서
"'우리 당이 져도 그만이다'라고
생각하는 사람이 있다면

국민을 배신하는 것이다
역사에 죄인이 되는 것"이라고 말했다
당내에서는 "대통령실을 겨냥한 발언"이란
해석이 나왔다

이재명 151석 목표

이재명 더불어민주당 대표가 3월 19
강원 지역 유세현장에서
"박근혜 정권조차도 우리가 내쫓지 않았느냐"며
'정권 심판론'의 수위를 한층 끌어올렸다
국민의힘은 즉각 윤석열 대통령에 대한
탄핵을 시사한 것이라며 반발했다
중앙대선거대책위원회 공보단은 논평에서
"국민 다수의 선택을 받아 선출되어
임기가 3년 이상 남은 대통령에 대해
탄핵을 시사한 것은 거대 야당의 힘이라면
민주주의라는 공익도 무시할 수 있다는
오만의 극치"라고 비판했다
이 대표는 이날 4 · 10총선 목표 의석수와 관련해선
"반드시 달성해야 할 목표는 1당을 하는 것"이라며
"좀 더 욕심낸다면 민주당 자체로
151석을 하는 게 최대 목표"라고 했다

2회 비명횡사 박용진

더불어민주당 4 · 10총선 서울 강북을 전략경선에서
조수진 변호사가 비명계 박용진 의원을 누르고
공천을 받았다
박 의원은 경선 탈락 직후 입장문을 통해
"반전이 없는 결과를 받았다"며
"민주당 총선 승리를 위해 힘을 모으자"고
결과에 승복했다
박 의원은 2021년 대선 경선에서
대장동 개발 의혹 등을 지적하며
이재명 대표와 맞붙었고
2022년 8월 이 대표와 겨룬 전당대회 당 대표 선거에서
21.8% 득표에 그쳐 낙선했다
민주당 서울 강북을 후보로 확정된 조수진 변호사는
이정희 전 통합진보당 대표의 의원실 보좌관 출신으로
노무현재단 이사를 맡고 있다

윤·한 충돌 봉합

윤석열 대통령이
해병대 채모 상병 순직사건 외압 의혹으로 수사를 받는
이종섭 주호주 대사에 대한
조기 귀국 건의를 3월 20일 수용했다
'언론인 회칼 태러' 발언 논란을 일으킨
황상무 대통령시민사회수석비서관의 사표도 수리해
4·10총선을 21일 앞두고
윤 대통령과 한동훈 국힘 비대위원장 간
2차 충돌이 봉합 국면에 들어섰다
한 위원장은
"여러분이 실망하셨던문제가 해결됐다"고 했다
대통령실은 이날 오전
"윤 대통령이 황 수석의 사의를 수용했다"고 밝혔다
윤 대통령은 이종섭 대사의 조기 귀국을 건의하는
대통령실 참모들의 의견도 수용했다

2,000명 의대 증원

정부가 전국 의대 40곳의 2025학년도
대학별 입학 정원을 3월 20일 발표했다
총정원이 3,058명에서 5,058명으로
,2000명 늘어난 가운데
비수도권 의대(27)는 정원이 현재보다 1,639명
경기 · 인천 지역의대(5곳)는 361명 늘었다
서울지역 의대는 1명도 늘지 않았다
의사단체의 강력한 반발에도
정부가 서둘러 대학별 정원을 발표하면서
의대 증원의 쐐기를 박았다는 분석이 나온다
의대 정원이 늘어난 것은 1998년
이후 27년 만이다
의사단체는 일제히 반발했다
주수호 대한의사협회 비상대책위원회 언론홍보위원장은
"오늘부터 14만 의사들은 의지를 모아
윤석열 정권 퇴진 운동에 나설 것"이라며
"필요하면 정치권과도 연대하겠다"고 밝혔다
정부는 의료계와의 대화를 계속 추진하겠지만
증원 규모에는 변화가 없을 것이라는 점을 명확히 했다
한덕수 국무총리는 대국민담화에서
"2,000명 증원은

의사 부족을 소화하기 위한 최소한의 수치"
"정치적 손익에 따른 적당한 타협은
결국 국민의 피해로 돌아간다"고 강조했다

다큐멘터리 건국전쟁

윤석열 대통령이 3월 20일
"이승만 전 대통령이 놓은 레일 위에
박정희 전 대통령의 기관차가 달렸다는 말처럼
두 대통령의 결단이
오늘의 번영을 이룬 토대가 됐다"고 말했다
윤 대통령은 서울 여의도 63컨벤션센터에서
'제51회 상공의 날 기념식'에 참석해
"최근 다큐멘터리 '건국전쟁'이 관객 116만 명을 돌파했다
국민이 이승만 대통령을 비롯해
우리 현대사를 다시 보는 계기가 됐다고 한다"며
이렇게 말했다
윤 대통령은 이영희 삼성전자 사장 등
수출유공자 9명에게 정부포상을 수여한 뒤
'자유주의 경제시스템에서 기업활동의 자유와
국가의 역할'이라는 주제로
1시간가량 특별강연을 했다
윤 대통령이 공개석상에서
다큐멘터리 '건국전쟁'을 언급한 건 처음이다

윤 대통령은 이승만 대통령과 관련해선
"1948년 정부 수립과 함께 농지개혁 ·

교육개혁 · 정치개혁이란 3개 개혁으로
대한민국의 토대를 닦았다"고 말했다
박정희 대통령에 대해선 "하면 된다는 신념으로
전 세계적으로 전무후무한 수출 주도 공업화 전략을
과감하게 추진했다"고 평가했다
윤 대통령은 이병철 삼성그룹 회장과
정주영 현대그룹 회장의 업적도 기렸다
"대한민국이 글로벌 중추 국가로 도약하는
그 길 맨 앞에 우리 기업이 있고
위대한 지도자가 있었다"며
이병철 전 회장의 업적으론 반도체 산업을 일으킨 혜안을
정주영 전 회장의 업적으론 조선과
중동 건설 신화를 언급했다

윤 대통령은
▶ 노동시장 유연화 및 이중구조 개선
▶ 노조 및 독과점 카르텔 철폐
▶ 기업 가계계승 및 상속세 개선
▶ 기업규제 혁파 등
정부의 경제정책 기조도 거듭 강조했다
"이념으로 무장한 기득권 노조카르텔로 인해
노동현장에 불법이 판을 치고 있다"고 지적하면서
"정부는 독과점 카르텔 타파를 위해
노력을 멈추지 않겠다"고 했다

윤 대통령은 또 "정부는 가업 승계를 통해 장수 기업이 많아지고 고용도 안정되고 경제도 지속적으로 성장할 수 있도록 적극적으로 제도를 개선하겠다"고 약속했다

조국 견제하는 이재명

더불어민주당 선대위는
박지원 전 국가정보원장이 언론 인터뷰에서
“나중에 명예당원으로 모셔야겠다”는
조국 조국혁신당 대표의 제안에
“좋다 폭넓게 봐야한다”고 화답한 것을 두고
‘엄중 경고’ 조치를 내렸다
이재명 대표는 “박 후보의 발언은
매우 심각한 발언”이라며
“공천장을 회수해야 한다는 주장까지 있었는데
잘못을 인정하고 있어 엄중 경고로 종결했다”고 밝혔다
높아지고 있는 조국개혁당의
지지세를 견제하기 위한 것으로 풀이된다
앞서 박 전 원장은 “명예당원 발언은
덕담 차원이지만 부적절했다니
정중히 사과 드린다”고 말했다

한동훈의 대야공세

한동훈 국민의힘 선대위원장은 3월 20일
경기 안양시에서 열린 현장 선거대책회의에서
"황 수석이 사퇴했고
이종섭 대사는 곧 귀국한다"며
"저희는 총선을 20여 일 앞두고
절실하게 민심에 반응할 것"이라고 말했다
"손끝에 느껴지는 민심의 작은 온도까지도
무겁고 예민하게 받아들이고
기민하게 반응해야 한다"며
"수도권의 선택을 받지
못하면 선거 승리는 있을 수 없다"고 말했다
이어 "폭주하는 이재명 사당과 통진당 종북 세력이
이 나라 주류세력을 차지하는 것을
막을 수 있다"며 대야 공세에 나섰다
여권 고위 관계자는 "한 위원장은
이번 선거를 여권이 패하면
사실상 나라가 망한다는 생각으로 임하고 있다"고 했다

후보등록 첫날

한동훈 - "이재명과 이재명의 범죄세력과
통합진보당 후예들의 대한민국 주류 장악을 막고
대한민국을 지켜내야 하는 선거다"
이재명 - "5 · 18역사를 부정하고 폭도로 매도하는
정신 나간 집단 반역의 집단을 심판해야 한다"

4 · 10총선 후보자 등록 첫날인 3월 21일
한동훈 국민의힘 비상대책위원장은
여당 텃밭인 대구 · 경북(TK)을 찾아
"범죄자 연대와 종북 통진당 후계를 막을 수 있는 건
우리뿐"이라며 '민주당 심판'을 호소했다
이재명 더불어민주당 대표는
야당 텃밭인 광주를 찾아
"국민이 맡긴 권력으로 국민을 가해하는
집단을 심판하는 날이 돼야 한다"며
'정부심판론'을 내세웠다

제3장

민변출신 변호사 수난

조수진 성범죄 변호

더불어민주당 서울 강북을 후보자로 공천받은
조수진 후보(여 · 47)가
다수의 성범죄 가해자 변호를 맡은 사실이 알려지면서
여러 시민단체와 정당이
공천 취소촉구 성명을 연이어 내고 있다
조 후보자 사무처장을 지낸
민변(民辯) 회원도 비판에 나섰고
민변의 한 변호사는
"이 사실이 보도되고 제가 만난 민변 회원들은
다 탈퇴하려고 한다"고 했다
이 변호사는 "50대 중년 남성의 보수 변호사들도
이렇게 변호하지 않는다"며
"이건 정도를 넘어도 너무 많이 넘었다"고 말했다
변호사 업무상 범죄자들을 변호할 수는 있지만
조수진 후보의 변호 이력은
피해자를 향한 2차 가해에다
사회공익 차원에서도 문제가 있다는 취지의 말이다
시민단체 성명도 이어졌다
한국여성정치네트워크는 이날
"성폭행 피해 아동에 대해 법을 가장한
2차 가해를 서슴없이 자행한

조 변호사의 공천을 즉각 철회하라"고 했다
정치하는엄마들도 단체 62개 개인 350명 이름으로
공천 취소 촉구성명을 냈으며
이들은 "자신의 돈벌이를 위해 성범죄 피해자
특히 아동청소년 피해자의 인격과
진술의 신뢰성을 심각하게 훼손하며
성범죄자만을 철저하게 옹호해 온
조수진은 국민을 대변할 자격이 없다"며
"더불어민주당은 공천을 즉각 취소하라"고 했다
여러 정당도 조 후보를
공천한 민주당을 비판했다

조국혁신당 호남서 돌풍

조국혁신당의 비례대표 지지율이
더불어민주당 비례 위성정당인
더불어민주연합을 앞질렀다는 전국
지표조사 결과가 3월 21일 나왔다
국민의미래 27%
조국혁신당 19%
더불어민주연합 16%
같은 날 호남 여론조사에서는
조국혁신당의 지지율이 민주당을
두 배가까이 앞서기도 했다
더불어민주당 23.6%
국민의힘 11.9%
조국혁신당 43.8%
정치권에서는 "윤석열 정부에 맞서
싸울 '도구'로 조 대표가 눈에 들어
오기 시작한 것"이라며 "중도층까지
고려해야 하는 이재명 대표로서는
선명성 경쟁에서 위기감을 느낄 수
밖에 없을 것"이라고 했다

여당 100석도 힘들다

4 · 10총선이 19일 앞으로 다가온 가운데
여권에서는 "이대로 가다가는
100석도 건지기 힘들다"는 말이 공공연하다
이종섭 호주대사를 둘러싼 논란과
황상무 전 대통령실 시민사회수석의
회칼 발언 등이 악재로 작용했다
수습과정에서 윤석열 대통령과
한동훈 국민의힘 비상대책위원장의
갈등이 다시 부각됐다
최대 승부처인 수도권은 물론이고
전통적으로 여당 지지세가 강한 부산 · 울산 ·
경남(PK)까지 흔들린다는 징후가 뚜렷하다
여권에 따르면 PK 전략적 요충지인
'낙동강 벨트'에서 민심 이반현상이
뚜렷하게 감지된다고 한다
이곳은 낙동강 하류에 인접한 부산 서부권과
경남 김해 · 양산을 묶은 지역으로
민심이 자주 출렁거려
PK선거 풍향계로 통한다

조수진 변호사 자퇴

더불어민주당 이 3월 22일
성범죄자 변호 논란 끝에 사퇴한
강북을 조수진 후보 자리에
친명계 한민수 대변인을 전략공천했다
이를 두고 당내에서도
“이재명 대표에게 비판적인 비명계
현역(박용진)을 찍어내려다가 벌어진
역대급 ‘공천참사’라는 비판이 나온다
이로써 한민수 후보는 ‘막말논란’으로
공천 확정 사흘 만에 사퇴한 정봉주 후보와
조수진 후보에 이어 세 번째로
서울 강북을 후보가 됐다
이를 두고 “이재명의 이재명에 의한
이재명을 위한 공천일 뿐이다”라는 것이다

여야의 위성비례정당

4 · 10총선에 비례대표 후보자를 내는
정당만 38개에 육박하는 것으로 나타나
21대 총선 때 35개보다 3개 많은
역대 최다 기록이다
투표용지 길이가 51.7cm에 이른다
정치권에서는 "위성정당을 허용하는
준연동형 비례제 이후 생긴 기현상이
이번 선거에서도 이어질 것"이라며
"급조된 '꼼수' 위성정당과 비례 전문 정당이
선거 직전에 졸속으로 난립해
검증도 되지 않은 각종 전과자 및
무자격자들이 원내에 입성하게 됐다"는
비판이 나왔다
직능별 전문가 및 소수 정치세력을 보호하기 위한
비례대표제 취지가 무색해졌다는 지적이다

윤·한 종북응징

윤석열 대통령과 한동훈 국민의힘 비상대책위원장이
3월 22일 북한 어뢰로 피격된
천안함 선체를 함께 둘러보고
천안함에서 순직한 용사들에게 참배했다
두 사람은 "조작과 선동으로 국민을 분열시키고
나라를 위기에 빠뜨린 종북 세력의 준동을
강력히 응징하는 데 공감대를 이뤘다"고
대통령실이 전했다
최근 이종섭 호주대사 조기 귀국 및
황상무 전 대통령실 시민사회수석 거취를 두고
이견을 보인 두 사람이 갈등을 봉합하고
지지층 결집에 나섰다는 분석이 나왔다
윤 대통령과 한 위원장의 만남은
경기 평택 해군 제2함대사령부에서 열린
'제9회 서해수호의 날 기념식' 행사를 마친 뒤 이뤄졌다
행사가 끝나고 한 위원장이 먼저
천안함 46용사 추모비로 이동해
윤 대통령을 기다렸다

후보등록 마감날

2024년 3월 22일 22대 국회의원을 뽑는
4 · 10총선 후보등록이 마감됐다
더불어민주당은 이날 오전
성범죄자 변호 논란에 휩싸인 조수진 변호사 대신
친명계 한민수 후보를 서울 강북을에 공천했다
현역 박용진 의원은 세 번째 외면당했다
전날엔 국민의힘이 비례대표 순번을 앞당기기 위해
비례위성정당인 국민의미래에
5명의 지역구 의원을 입당시켰다
22일 오후 7시 기준 지역구(전체 의석 300석 중 254석)
후보자를 등록한 정당은 21곳으로
지역구 후보자는 686명(남성 589명, 여성 97명)이었다
더불어민주당 244명 · 국민의힘 252명
녹색정의당 17명 · 새로운미래 27명
개혁신당 38명 · 자유통일당 11명 · 진보당 21명
무소속 등 기타 76명이다

고민지 변호사의 우려

오늘 김제방님이 보내주신 저서와 서울중앙지방법에 제출하신 청원서를 받았습니다. 아마 답답한 마음을 호소할 곳이 없어 이런 시도를 하고 계시는 것 같아 무척 안타깝습니다. 그런데 지금까지 보내신 책들을 살펴보다 보니 우려되는 부분이 있어 연락드립니다.

1. 임용원, 김선경, 김승태, 임유자 등 실명이 기재되어 있습니다.

2. 이혼사건, 경매사건, 파양사건의 법원, 사건번호, 당사자 이름도 그대로 기재되어 있습니다.

3. 이혼사건에서 언급한 개별 사건의 내밀한 내용이 그대로 기재되어 있습니다.

위 내용들은 상대방 측에서 형사적으로 문제를 삼을 수 있습니다.

지인들과의 사담이 아니라 서적으로 출판하신 것이어서 그 처벌이 더 중하기도 합니다. 만약 상대방 대리인이 보았다면 당장 문제삼을 수 있는 내용이라 상당히 걱정이 되어 연락드립니다.

일전에 제가 김제방 님께서 상대방이나 상대 대리인에게 저서를 보내지 않도록 해달라고 요청드렸었는데, 아울러 저서의 내용에 대해서도 위와 같은 문제가 있으니 구체적인 내용과 실명을 언급하지 않도록 요청해 주시기 바랍니다.

아울러 이미 발간한 저서들 중 위와 같은 문제가 있는 『법조계 악성카르텔』 『법조계의 경고음』은 외부유출되지 않도록 조치해주시기 바랍니다.

상대방 대리인 측에서 수신 거부한 것이 오히려 다행이라는 생각이 듭니다.

역사는 진실이다

감추고 과장하는 게 역사가 아니다
있는 그대로 보는 그대로를
기술하는 것이 역사라 생각하고
나의 허물도 다 드러내고 있다
생각을 가감 없이 드러내고
어떤 도전에도 굴하지 않을 것이다
나는 단순히 글쓰는 사람이 아닌
역사를 쓰고 싶은 욕망이 있어서다
살아있는 생생한 역사를…

민변출신 변호사 수난

4 · 10총선을 목전에 두고
민주사회를위한변호사모임(민변) 출신
더불어민주당 후보들이 각종 논란의 대상이 됐다
성범죄 변호 조수진(서울 강북을) 변호사에 이어
세종갑 후보인 이영선 변호사의 공천을 취소했다
강민석 선거대책위원회 대변인은
3월 24일 "이영선 변호사가 다수 주택을 보유하고
'갭투자'를 한 의혹에도 재산 보유 현황을 허위로 제시해
공천 업무를 방해했다"고 밝혔다
야권 관계자는 "대출로 부동산을 매입하고
보증금을 다시 부동산에 재투자하는
전형적인 갭투자"라고 했다
이 후보는 민변 소속으로
대전시 전세사기 피해자 대책위원회의
자문 변호사로 활동해 왔다
3월 24일 이재명 민주당 대표는
서울 송파구 유세 현장에서
"이영선 후보는 당과 국민에
용서받지 못할 죄를 지었다"며
"팔 하나를 떼어내는 심정으로
무공천하고 제명했다"고 했다

세종갑은 류세화 국민의힘 후보와

김종민 새로운미래 후보의 2파전으로 치러진다

새 국면의 의·정 갈등

정부가 3월 26일부터 현장에 복귀하지 않은
전공의를 대상으로 적용하기로 한
면허정지 처분을 무기한 연기한다
대신 정부와 의사단체 간 협의체를 구성해
의료개혁과 관련한 타협안 모색에 나선다
의대 교수 단체가 집단 사직을 예고한
25일을 하루 앞두고
'강대강' 대치를 이어오던 양측이
한발씩 물러서는 모양새가 됐다
한동훈 국민의힘 비상대책위원장이
양측 간 중재의 물꼬를 텄다
한 위원장은 이날 신촌 세브란스병원에서
전국 의과대학교수협의회 관계자를 만난 뒤
대통령실에 "의료현장 이탈 전공의에 대한
면허정지 행정처분을 유연하게 처리해달라"고 요청했다
윤석열 대통령은 이를 수용해 한덕수 국무총리에게
'당과 협의해 유연하게
처리 방안을 모색해 달라'고 요청했다

선대사령탑 인요한

인요한 전 국민의힘 혁신위원장이
국민의힘 비례 위성정당인
국민의미래 선거대책위원장을 맡기로 했다
한동훈 비상대책위원장과 사실상
'투톱' 체제로 선거를 지휘할 전망이다
국민의미래는 3월 23일
"자유민주주의와 시장경제라는 헌법가치를 바탕으로
세심하고도 적극적으로 민심 속으로 들어가는
선거운동을 전개할 것"이라며
중앙선대위 인선을 발표했다
비례대표 후보 8번을 배정받은
인요한 전 위원장을 필두로
선대위가 꾸려진 것이다

133명 숨진 러 테러

러시아 수도 모스크바 크렘린궁에서
불과 20km 떨어진 '크로쿠스 시티홀' 공연장에서
3월 22일 무차별 총격 테러가 발생해
최소 133명이 숨지고 150여 명이 다쳤다
이슬람 무장단체 이슬람국가(IS)의 분파인
'IS-K(호라산)'는 테러 직후 배후를 자처했지만
푸틴 러시아 대통령은 별다른 정황 공개 없이
"테러범들이 우크라이나 쪽으로 도주하려 했다"
면서 우크라이나 배후설을 주장했다
러시아 당국은 "핵심 용의자 4명 모두
브랸스크에서 검거됐다"고 설명했다
미 백악관 NSC는 즉각
"우크라이나의 개입은 전혀 없었다"고 반박했다
블로디미르 젤렌스키 우크라이나 대통령도
성명을 통해 "푸틴을 비롯한 쓰레기들은
모두 다른 사람을 비난하려고만 한다"고 반발했다

악덕이란 용어

1960-80년대 우리 사회에는 독특하게
드러난 '악덕 변호사'란 용어가 있었다
왜 변호사에게만 그런 단어가 붙었을까
생각을 해보면
모르고 저지른 죄와 알고 저지른 죄 중
알고 저지른 죄가 크기 때문이었을 것으로 생각된다
돈을 벌기 위해서 양심을 팔아가면서 활동한
그들이 엘리트였기에 더욱 그랬는지 모른다
근래에는 악덕(惡德)이란 용어가 없다
그 대신 '민변(民辯-민주사회를위한변호사모임)'이란
단어가 등장해 희석(稀釋)된 것은 아니었을까?
이런 용어가 등장하기까지는
법조계 모두의 책임이란 생각에 이르지만
이는 번외자(番外者)의 고민일 뿐이다

망국의 전관예우 · 민변예우

4 · 10총선에 나섰던 민변(民辯) 출신의
더불어민주당 후보자들이 갭투기 의혹(이영선)과
성범죄 변론 2차 가해논란 속에(조수진) 연달아 낙마했다
그런가 하면 민변 사무차장이던 이주희 변호사는
민주당 주도 비례 위성정당인 더불어민주연합에서
당선권으로 꼽는 17번을 받았다
위성정당을 겨냥해
"정당 민주주의를 파괴하는 위헌"이라고 비판하던
민변의 지도부가 바로 그 위성정당에
직접 뛰어든 것이다

1988년 출범한 민변은 주요 시국사건을 도맡으며
인권 신장 측면에서 역할을 하기도 했었다
하지만 노무현 · 문재인 두 대통령을 배출하면서
요직을 꿰찼고 일부 출신세력은
권력과 기득권의 달콤함에 젖어들어
온갖 구설과 논란에 휘말렸다
과거사 관련 국가 활동을 돈벌이에 이용했다가
적발된 사례도 있었고 법조계 안팎에선
'전관 예우' 폐해에 빗대어
'민변 예우'라는 말까지 나돌았다

"민변이 아니면 명함도 못 내민다"는
시절도 있었다
4년 전 총선에서도
민변출신의 국회 입성이 줄을 이었다
거액 코인 거래의혹의 김남국 의원
조국 전 장관 아들에게
허위 인턴증명서를 만들어준 혐의로 의원직을 상실한
최강욱 전 의원이 그들이다
회원수 12,000명 거대 단체로 성장한 민변이
여전히 인권 · 민주주의 · 공정 · 정의를
당당히 말할 수 있는지
권력을 좇는 영혼 없는 집단으로
변질해가고 있지는 않았는지
진지하게 각성할 때라는 중앙일보의 사설이다
아울러 '악덕'과 '민변'은
어떤 함수관계에 있는지도
살펴볼 필요가 있을 것 같다

의대 교수들 줄사직

정부의 의대 증원에 반발하는 의과대학 교수들이
3월 25일 집단으로 사직서를 제출하고
진료시간 축소에 들어갔다
전날 윤석열 대통령이 전공의에 대한
면허정지 처분의 유연한 처리 방안을 마련할 것을
지시하는 등 정부가 대화의 손을 내밀었지만
사실상 이를 거부한 것이다
이를 두고 의료현장 '최후의 보루'인 의대 교수마저
환자를 위해 갈등 해소에 나서기보다
'밥그릇 지키기'에 동조하는 선택을 한 것이란
목소리가 커지고 있다
전국의과대학교교수협의회(전의교협)는
3월 25일 기자회견을 열고 "2,000명의 의대 증원과
정원 제정 결정을 철회하는 것이
대화의 전제 조건"이라며
"교수들의 자발적 사직과 주 52시간 근무는
예정대로 오늘부터 진행할 것"이라고 밝혔다
"강성노조도 울고 갈 의사집단의 반(反)지성"이란
한국경제 신문의 사설이 눈길을 끈다

민주당 갭투기 후보

김경율 국민의힘 비상대책위원이
3월 25일 더불어민주당 후보들을 상대로
'갭투기 의혹'을 제기했다
갭투기 문제로 민주당이 공천을 취소한
세종갑의 이영선 후보 외에도 비슷한 문제의
후보가 더 있다는 주장이다
공인회계사인 김 위원은 서울 행당동 한양대에서 열린
중앙선거대책회의에서
"10명 남짓한 민주당 후보 재산 신고 자료를 봤는데
몇 명을 소개하겠다"고 말문을 열었다
이상식(경기 용인갑) · 문진석(충남 천안갑) ·
김기표(경기 부천을) · 이강일(충북 청주상당) 등의
후보를 의심 사례로 거론했다
김경율 위원은 "김기표 후보는
문재인 정부 때 반부패비서관으로 임명됐다가
불과 몇 개월 만에 '갭투기'를 이유로 자진사퇴했다"며
"재산 신고 내역을 보면
거의 갭투기 문제가 해소되지 않았다"고 지적했다

한동훈 박근혜 전대통령 예방

국민의힘 한동훈 비상대책위원장은
3월 26일 위원장 취임 이후 처음으로
대구 달성군의 박근혜 전 대통령의 사저를 예방했다
박 전 대통령은 한 위원장에게
“나라가 어려울수록 단합이 중요하다”
또 의대 정원 문제에 대해
“유연하게 대응해야 한다”는 취지로
조언한 것으로 알려졌다
한 위원장은 면담 후 기자들과 만나
“국정 전반과 현안 살아오신 이야기 등
굉장히 좋은 말씀을 들었다”며
“따뜻한 말씀을 해주셨고
대단히 감사하다는 말씀을 드렸다”고 말했다

공멸의 총선

3월 28일부터 시작되는
4 · 10총선 공식 선거운동을 앞두고
국민의힘 한동훈 비상대책위원장은
"이대로 가면 이재명 조국 같은
사람들이 장악하게 된다
대한민국 사법 시스템은
이들을 감옥에 넣지 못했다"

더불어민주당 이재명 대표는
"조금 더 나은 삶을 살자고 대통령을 뽑았는데
지금 보니 차라리 없었으면
나았을 것 같다"고 했다
최근 여의도 정가에서는
"총선이 아니라 그 후가 두렵다"는
이야기가 흘러나온다
입법독주와 거부권이 반복되던 21대 국회보다
더 극단적인 상황이 벌어지지 않겠냐는 의미다

이재명 발언 논란

이재명 더불어민주당 대표가 3월 26일
자신의 유튜브 방송에서
“정부라는 것이 든든한 아버지
포근한 어머니가 돼야 하는데
지금은 의붓아버지 같다”며
“매만 때리고 사랑은 없는
계모 팥쥐 엄마 같다”고 말했다
이 대표의 발언을 두고 민주당에서도
“재혼 가정에 상처가 될 수 있는 실언”이라는
지적이 나왔다
한 민주당 의원은 “친모 · 친부가 아니라면
폭력적이고 사랑이 없을 것이라는
왜곡된 편견에서 비롯된 발언”이라고 했다
이 대표는 지난해 9월 유튜브 방송에서도
정부를 비판하며 “회초리를 든 무서운
의붓아버지 같은 모습”이라고 표현해 논란이 일었다
이재명 대표는 이날 방송인 김어준 유튜브에서는
“한국이 자칫 아르헨티나가 될 수 있다”며
“아르헨티나가 얼마나 잘 살던 나라였는데
정치 후퇴로 망해버렸다”고 주장했다
이 대표가 국내 상황을 아르헨티나에 비유하자

조동근 명지대 경제학 교수는
“아르헨티나는 포퓰리즘으로 국가가 몰락한 사례”라며
“기본 시리즈를 주장하는 포퓰리스트 이 대표가
아르헨티나를 거론하는 것은 어불성설”이라고 지적했다
한동훈 국민의힘 비대위원장은
“아르헨티나는 안타깝게도 좌파 정권의
연속된 푸퓰리즘 퍼주기로 아홉 번의
디폴트(채무 불이행)를 겪었던 나라의 예시”라며
“제발 정신 차리시라”고 각을 세웠다

이재명의 발언 중 중국 포털과 매체에서
긍정적으로 조명되고 있다
지난 22일 충남 당진시장을 방문한 이재명 대표는
윤석열 정부의 대중국 외교를 비판하며
“양안 문제에 왜 우리가 개입하냐
왜 중국에 집적거리냐며
그냥 ‘셰셰(謝謝) · 고맙다’
대만에도 ‘셰셰’ 이러면 된다”고 한 말을 두고서다
중국 관영 환구시보는 25-26일 이틀에 결쳐
이 대표의 발언 내용에 힘을 싣는 보도를 했다
“한국 최대 야당 대표가 정부의
대중국 외교를 강도 높게 비난하며
‘왜 중국을 도발하는지
대만 문제와 한국이 무슨 상관이 있는지’

의문을 제기했다"고 하면서
이 대표의 '셰셰' 발언이 인기 검색어 2위에 올랐다
여기에는 "한국에서 단 하나뿐인 현명한 사람" 등
우호적인 댓글 2만여 개가 달렸다

맥 못 추는 제3지대

제22대 총선 특징의 하나는
양대 정당 소속이 아닌
제3당 · 무소속 지역구 출마자 감소다
더불어민주당과 국민의힘 후보가
모두 출마한 지역에 도전한
제3당 · 무소속 후보들 가운데
당선을 기대해볼 만한 후보는 현재로선 없다
전문가들은 그간 총선마다 등장했던 제3당이
분명한 정체성을 보여주지 못한 채
양당 체제에 휩쓸리면서
유권자들이 제3당에 대한 실망을 반복 학습한 것이
주된 이유라는 분석을 내놓는다
제3후보의 독자 당선 가능성은 희박하지만
지역에 따라서는 양대 정당 간 대결의 승패를 결정짓는
중요변수가 될 것이란 분석이 나온다

색깔론 꺼낸 여권

윤석열 대통령은 3월 26일
“반국가 세력들이 국가안보를 흔들고
국민의 안전을 위협하지 않도록
우리 모두 힘을 모아야 하겠다”고 말했다
22대 총선을 ‘종북세력’과의 대결로 규정한
한동훈 국민의힘 총괄선대위원장에 이어
인요한 국민의미래 선거대책위원장도
이날 선거대책위원회 회의에서
“이념과 사상에 대해서는 전쟁을 치러서라도
지켜야 할 부분이 있다”고 말했다
보수층을 결집하고
‘정권 심판론’에서 ‘이념전’으로
총선 틀을 전환하는 것으로 분석된다

제4장

공식선거운동 시작

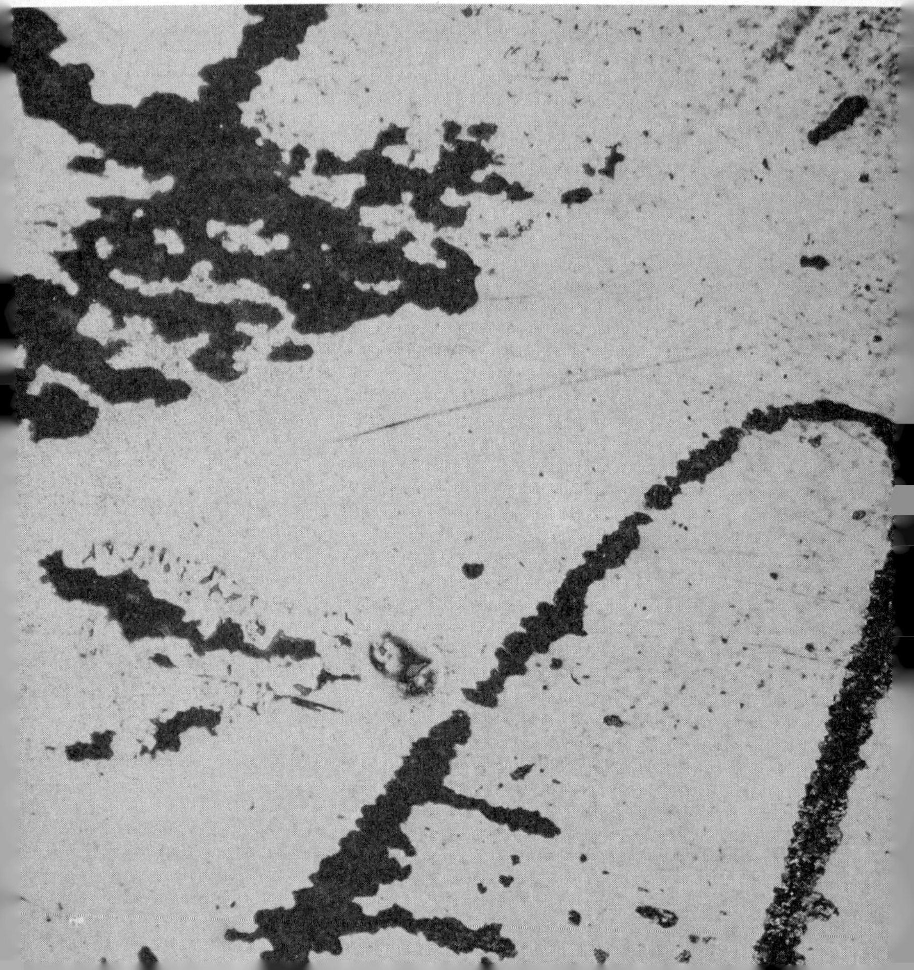

정권심판 vs 명국심판

4 · 10총선 공식 선거운동이 3월 28일 0시에 시작됐다
더불어민주당은 '윤석열정권 심판'을
국민의힘은 '명국심판(이재명 · 조국)을 각각 내걸고
13일간의 열전에 돌입했다
전체 254개 선거구 중 자체우세
지역으로 국민의힘은 82곳을 민주당은
110곳을 각각 꼽았다
60곳에선 어느 쪽도 확연한 우세를
장담하지 못하고 있다
조국혁신당 등 제3지대는 존재감 부각에
온 힘을 쏟는다
중도 · 부동층 표심의 향배와 투표율 돌출
리스크 등이 막판 판세를 뒤흔들 변수로 꼽힌다

국회 세종시 이전

한동훈 국민의힘 비상대책위원장이
국회를 완전히 세종시로 이전하겠다는 공약을
3월 27일 발표했다
“여의도 정치를 종식하고 국회의사당을
서울의 새로운 랜드마크로
시민들게 돌려드릴 것”이라고 했다
그러면서 “행정 비효율 해소 · 국가 균형발전 촉진 ·
지역경제 활성화라는 세 마리 토끼를 잡는 것”이라며
“세종시는 미국의 워싱턴DC처럼
진정한 정치행정 수도로 완성될 것”이라고 했다
정치권에서는 국민의힘이 4월 총선을 2주 앞두고
‘스윙보터’인 충청권과 한강벨트 민심을
동시에 겨냥했다는 분석이 나왔다

이재명 현금성 지원

더불어민주당 이재명 대표가
“자녀 1인당 17세까지 월 20만 원씩 지급하겠다”고 했다
현재 8세까지 지급되는 아동수당을
확대해 지원하겠다는 취지다
정치권에서는 이 대표가
전 국민 25만원 민생회복지원금 지급 제안에 이어
거듭 현금 지급 공약을 내는 것에 대해
“선거를 앞두고 현금성 지원을 남발한다”는
비판이 나왔다

조국혁신당 비례 1번

조국혁신당 비례대표 1번인 박은정
전 광주지검 부장검사의 재산이
10개월 만에 41억 원 증가한 것으로 나타났다
검사장 출신 남편 이종근 변호사 수입이
대폭 늘어난 것으로 추정되는 가운데
다단계 · 유사수신 분야를 전문으로 수사했던
이 변호사가 이런 업체들의
변호를 맡은 것으로 전해져 논란이 일고 있다

27일 중앙선거관리위원회에 따르면
박은정 전 부장검사는
총 49억 8,185만 원의 재산을 신고했다
지난해 5월 이종근 변호사가 마지막으로 신고했던
부부합산 재산 8억 7,526만 원보다
41억여 원 증가한 것이다
과거에도 검찰 출신 변호사들이 퇴임 직후
큰돈을 번 사실이 공직에 지명되면서 공개돼 문제가 됐다
안대희 전 대법관은 5개월 만에 16억 원을
번 사실 때문에 총리 후보에서 낙마됐다
황교안 전 총리도 17개월간 16억 원을 벌었던 문제로
청문회에서 곤욕을 치렀다

박은정 후보는 전관예우가 아니라고 주장하지만
이 정도면 전관 특혜리스트에
이름을 올리기에 충분하다고 한다
그러면서 한편으로는
검찰개혁 검찰정권 타도를 외치는 당에서
정치하겠다고 나섰는데
이게 과연 앞뒤가 맞는 얘기냐는 소리다

차제에 법조계의 나쁜 관행
재판의 1, 2, 3심을 엎치락뒤치락하면서
성과급을 도출하는 법조계의 관행은
개혁해야 할 것이다
보수규정이 어떻게 되어 있는지 알 수가 없지만
기본보수의 2,3배 +알파를 또는
성공금액의 10%를 더 추가할 수 있다고 알고 있다
이와같이 성공고보수를 최대한으로 챙겨주는
법조계의 관행은 헌법 제103조의
최상의 권력형 비리라고 할 수 있다
우리사회에 '허가받은 도둑질'이란 말이 있다
'민변 예우(民辯禮遇)'
'전관 예우(前官禮遇)'라는 것이 그것이다
패소했을 때에는 입을 닫아버리고 만다
이는 갑질 중에서도 상 갑질에 속해
항의도 한번 못하고

그 피해는 고스란히 국민들의 몫이 된다
피해라기보다는 고혈을 빨렸다는 표현이
어울릴 지도 모른다
변호사 개업 10개월 만에
41억의 수입을 올릴 수 있다고 하는 사실은
상식을 초월하는 금액이다
이게 전관예우로 그치지 않고 최근에는
민변출신 노무현 · 문재인 전 대통령을 배출한 여파로
12,000명 민변 변호사들에게도 성행했다고 하니
망국적(亡國的)이라 해도 지나치지 않을 것이다

조국혁신당 지지율

"윤석열 정권은 4·10총선 이후 심각한
위기에 빠질 것입니다
우리가 더 위기에 빠뜨릴 것입니다"
조국혁신당 조국 대표는 동아일보와의 인터뷰에서
"영어로 하면 리셋(reset)을 해야 한다고 본다"며
이같이 말했다
그는 "꼭 대통령을 탄핵으로만
제한되는 것은 아니다"라면서
"윤 대통령은 세월호 사건 이후
박근혜 전 대통령처럼 '데드덕'이 될 것"이라고 했다
조 대표는 "박 전 대통령은 세월호 사건 이후
국민들이 더 이상 못 참겠다는 단계에 이르렀고
결국 최순실 국정농단 사태 등이 터지면서
끝내 탄핵으로 마무리됐다"며
"윤석열 정부도 행태를 보면 박근혜 정부와
똑같진 않더라도 그런 흐름으로 갈 것"이라고 했다
그는 "범야권이 대통령 탄핵 추진에 필요한
200석을 확보하는 것은
현재로선 매우 어려운 과제"라고 말했다
그러면서 최근 조국혁신당의 지지율 상승세에 대해
"돌풍이라는 표현이 객관적으로 맞는 말 같다"고 했다

"2월 13일 창당 선언 당시 목표를 10석
원내 3당이라고 했는데 기대치보다
여론조사 결과가 더 잘 나오고 있다"고도 했다
총선에서 최소 10석 이상을 확보해 개원 후
민주당과 본격 입법연대에 나선다는 목표다
2심에서 징역 2년 실형을 서고 받고
대법원 확정판결을 기다리고 있는 조 대표는
"내가 통제하거나 개입할 수 없는 결정 때문에
지금 내 역할과 임무를 포기할 생각은 없다"고 하면서
"조국혁신당 당원만 143,000명이고
비례대표 의원도 10명 이상 생긴다"며
"최악의 결과가 나와도 그들이 내 뒤를 이어
윤석열 정권 종식을 위해 온 힘을 다할 것"이라고 했다

선진국 시험대

2021년 7월 2일 유엔무역개발회의(UNCTAD)는
스위스 제네바 유엔본부에서
한국을 A그룹(아시아 · 아프리카)에서
B그룹(선진국)으로 옮기는 안건을 만장일치로 통과시켰다
이로써 한국은 선진국이 되었다
올해 4년차가 되는 해로 2024년 3월 28일부터
4 · 10총선이 시작됐다
'국가전복 vs 한국 붕괴'
'반윤석열 vs 반이재명'
선택만 강요하는 총선이라고 한다
여야는 굵직한 국가적 의제를 놓고 경쟁하기
보다는 공천을 둘러싼 당내 권력투쟁에
이어 극단적인 진영 결집을 시도하고 있다

과거 이명박 대통령은 광우병 사태를 겪은 직후
"좌파가 이렇게 센지 몰랐다"고 했다
많은 우파 지식인들이 정치 물정 어두운
대통령에게 혀를 찼다
윤석열 대통령은 지난해 간첩단 보고를 받고
"우리나라에 간첩이 이렇게 많아?"라고 반문했다고 한다
비록 공안검사 출신은 아니지만

평생 범죄자를 쫓아왔고 자유민주주의 회복을 외쳐온
대통령조차 그랬다

우파는 안일하고 좌파는 음험하다
우파는 김정은까지 3대를 이어온 북한의 대남공작이
핵무기보다 훨씬 무섭다는 것을 잘 모른다
친중 · 친북 · 반자유 · 반미 · 반일 이념의
거대 저수지에서 배양된 좌파적 사고와 의식은
오랜 세월에 걸쳐 우리 사회 곳곳에 침투해 있다
윤석열 대통령 지지율이 임기 초반부터
30%대로 떨어진 이유가 있다
더불어민주당을 앞세운 좌파 진영의 공작과
강력하고도 일사불란한 공격력이다
전교조 · 민노총 · 언론 · 사회단체 등이
정치 · 군사 · 외교 · 경제 · 전 분야의 좌파
프레임을 앞다퉈 생산하고 퍼뜨렸다
잇따른 입법 폭주와 장관 탄핵 남발
김남국 의원의 코인난장
의원 수십 명이 연루된 돈봉투 사건
이재명 대표의 불체포특권 포기 약속 폐기
공천과정의 숱한 무리수 등은
정당 민주주의 퇴락과 공당의 도덕적 파탄이란
비판을 받기에 모자람이 없었다
그러나 윤석열 대통령의 불통 논란

이태원참사 사건
김건희 여사에 대한 특검요구
후쿠시마 오염처리수 방류에 대한 친일공세
해병대 채수근 상병 순직논란
정당한 사법절차를 검찰독재로 되받아치는
술수 등의 공세가 먹혀들어 가고 있다
참과 거짓은 중요하지 않았다
어차피 믿고 싶은 것만 믿는 극단적 편향이
눈과 귀를 막았다
사과와 대파값이 서민들의 공격이 되고
'정권 탄핵' '정치 보복' '경제 폭망론' 같은 탁류가
선거판을 휘몰아치는 것이다

'조국사태'에서 '이재명 방탄'에 이르기까지
지난 5년간 우리나라 정치 윤리와 규범은
퇴락의 길을 걸어왔다
'조국 수호-정치검찰 아웃'
'대장동 몸통은 이재명이 아니라 윤석열'이라는
반동적 주장에 늘상 40%의 지지자가 뒤따랐다
사법리스크를 달고 다니는 두 사람은 이번 총선에서
기어이 정치적 생환의 기회를 잡았다
법과 도덕을 뛰어넘는 희대의 생존 서사는
피의자가 판사에게 대놓고 불출석을 요구하는
상황을 만들어낸다

급기야 수감 중인 송영길이 두 사람을 빌미로
'기회의 불공정'을 외치기에 이르렀다
도덕률과 법치가 무너지니
사회 전체가 깨진 유리창 신세로 전락한다
그 틈새로 종북 좌파와 파렴치 범죄자들이
바람처럼 송송 불어 닥친다
옳고 그름을 따지는 정사(正邪) 사안의 핵심과
곁가지를 구분하는 본말(本末)
무엇이 우선이고 나중인지 분별하는 주종(主從)
이것들이 모두 흔들린다
피해는 결국 거짓 선동과 공짜구호에 속아
넘어간 국민들 차지다
이재명 대표가 언급한 아르헨티나 사람들이
다 그런 경우라고 3월 28일 한국경제 신문
'조일훈 칼럼'이 언급하고 있다

의협의 벼랑끝 전술

임현택 대한의사협회 차기 회장이
3월 28일 기자간담회에서
“의사에게 가장 모욕을 주고 칼을 들이댔던
정당에 궤멸수준의 타격을 줄 수 있는
선거 캠페인을 진행할 것”이라며
“의협 손에 국회 20-30석 당락이 결정될 만한
전략을 가지고 있다”고 했다
의대 증원문제를 총선으로 끌고 가
정부 · 여당을 압박하겠다는 으름장이다
또 “전공의나 교수 · 학생 중 하나라도
민형사상 불이익이나 행정처분을 받는다면
가장 강력한 수단을 사용해
총파업을 시작할 것”이라고도 했다
대화 조건으로 의대 증원 백지화와 함께
보건복지부 장 · 차관 파면까지 요구했다
선거를 끌고 들어가는 것부터가
급진정당 대변인 저리가라 할 정도라고 했다
그의 3년 임기는 5월 1일부터 시작한다

안과개업의 연매출 20억

전문직 개인사업자 중 연 매출액 상위 10위권을
모두 의료계가 차지한 것으로 알려졌다
3월 28일 국세청 국세통계포털
'통계로 보는 생활업종'에 따르면 2022년 기준
전문직 중 개인사업자 연평균 매출이 가장 많은
1위 업종은 종합병원의 73억 3,942만 원으로 집계 됐다
2위는 안과 20억 4, 213만 원
3위 일반외과 16억 1,196만 원
4위 성형외과 14억 3,146만 원
산부인과 12억 5,687만 원으로 뒤를 이었고
10위권 밖에서는 치과의원 7억 4,071만 원
한방병원 · 한의원 4억 6,871만 원 순이다

의사와 함께 대표적 전문직으로 꼽히는
공인회계사는 4억 4,534만원
변리사 4억 3,239만 원으로
각각 13위와 14위를 차지했다
변호사의 연평균 매출은 안과의원 매출의
5분의 1인 3억, 2,239만 원에도 못 미친다고 했다

제22대 총선 심판론

제22대 4 · 10총선의 공식 선거운동이
2024년 3월 28일 개막됐다
최대 승부처인 수도권에서 출발한 여야는
각각 '심판론'을 호소하며 본격적인 선거전에 나섰다
국민의힘은 '이재명 · 조국 심판'을 앞세워
'거야 심판론'을 지폈다
한동훈 비상대책위원장 겸 총괄선거대책위원장은
"범죄자 세력이 선량한 시민을 지배하는 것을
막아야 한다"며 "이재명 · 조국 심판을 위해
힘을 모아 달라"고 말했다
더불어민주당은 대통령실이 있는 용산에서
출정식을 갖고 '정권 심판론'을 외쳤다
'심판론' 대결은 이번 총선의 특징과 무관치 않다
산업화(産業化) · 민주화(民主化) 이후
대전환(大轉換)의 시기에 치러지는 선거임에도
정치권은 시대적 요구에 부응하지 못하고 있다
실제 22대총선은 무쟁점 · 혐오선거 · 대선 연장전이라는
비판을 면치 못하고 있다
비전과 희망보다 심판론이
여야의 유일한 선택이기 때문이다
하지만 집권 3년차 선거는 회고적 투표 경향이 강하다

정권 중간평가로 치러질 수밖에 없고
결과의 책임을 따진다 해도 야당에 견줘
대통령 · 여당이 짊어져야 할 무게가 결코 가볍지 않다
민주당의 공천파동으로 압승을 예상했던 국민의힘이
고전하게 된 요인은 중도층 이탈 때문으로 보인다
그럼에도 불구하고 야권은 이념전(理念戰)을
불사하며 민심을 거스르고 있다
'반(反)윤석열만 외치고 있는 민주당도
정부 실정(失政)에 맞서는 대안을 마련하지 못하면
혹독한 심판을 면치 못할 것이다
그러나 민주당은 윤대통령만 물러나면
새 세상이 열린다고 확신하듯
'200석 승기를 잡았다'며 오만한 모습이다

국민의힘을 심판하고 싶은데 그렇다고
민주당에도 마음을 열지 못하는 민심은
지표로 확인되고 있다
조국혁신당 상승세만 봐도 드러난다
이처럼 여야는 서로를 겨누는 수준에 머물러 있지만
주권자는 심판 이후의 세상을 내다봐야 한다
국민이 어떤 선택을 하느냐
4년차 선진국 국민의 역량을 보여줄 때다

섬유의 거인 조석래 별세

재계 31위 그룹을 일군 '섬유의 거인'
조석래 효성그룹 명예회장이 3월 29일 별세했다
향년 89세
조 명예회장은 한국 섬유산업을 세계최고 수준으로
끌어올린 '섬유업계 거인'으로 평가받는다
섬유 소재인 스판텍스와 타이어에 들어가는
타이어코드 등 4개 제품을 세계 1위로 키웠다
1935년 경남 함안에서 태어난 고인은
1982년부터 2017년까지 35년간 효성그룹을 이끌었다
2007-2011년 전국경제인연합회 회장을 맡아
재계 구심점 역할을 하기도 했다

이재용 삼성전자 회장은 모친인 홍라희 여사와 함께
4대그룹 수장 중 처음으로 빈소가 차려진 지
1시간 만에 장례식장을 찾았다
조 명예회장 부친인 조홍제 효성 창업주와
이병철 상성 창업주가 각별한 사이였던 만큼
두 집안의 관계가 남다르다는 설명이다
조홍제 · 이병철 창업주는 삼성물산을 공동 창업했고
홍 여사는 조 명예회장의 부인 송광자 여사의
경기여고와 서울대 미대 1년 선후배다

정의선 현대자동차그룹 회장과 구광모 LG그룹 회장
정몽준 아산재단 이사장 · 정기선 HD현대 부회장 등
재계인사들도 빈소를 찾았다
정관계 및 법조계 인사의 조문도 이어졌다
효성가와 사돈지간인 이명박 전 대통령은
셋째사위인 조현범 회장의 안내를 받아
부인 김윤옥 여사와 침통한 표정으로 빈소에 들어섰다

이종섭 호주대사 사임

해병대 채 상병 순직사건 외압 의혹으로
수사를 받고 있는 이종섭 호주대사가
3월 29일 사임했다
대사로 임명된 지 25일 만이다
이 대사가 물러나면서 국민의힘은
주요 악재 중 하나를 해소해
지지율 반등을 기대하는 분위기다
한동훈 국민의힘 비대위원장은 이날
경기 평택 지원유세에서
"이 대사가 외국에 있을 때 귀국해야 한다고
(대통령을) 설득했고 사퇴를 건의했다"며
"정부에 대한 불만을 여당과 제가 해결하겠다"고 말했다
그러면서 "국민의힘은
여러분이 원하는 대로 할 것"이라며
"앞으로도 우리 정부가 마음에 들지 않게 하는
일이 있으면 제게 얘기해달라"고 강조했다
여당은 총선의 또 다른 뇌관으로 꼽히는
'의·정갈등'과 관련해서도 정부에
의료계와의 타협을 요구하고 있다

편법대출 양문석

경기 안산갑에 출마한
양문석 더불어민주당 후보를 둘러싼
자녀 편법 대출 의혹이 커지고 있다
국민의힘은 양 후보를 고발하겠다고 했고
새마을금고중앙회는 현장 감사에 착수하겠다고 밝혔다
양 후보는 29일 예정된 지역유세 일정에
참석하지 않고 잠적했다
앞서 양 후보는 자산 신고 과정에서
2021년 서울 잠원동 아파트 취득 당시
20대 대학생인 장녀가 대구 수성새마을금고에서
11억원의 주택담보 대출을 받은 것이 밝혀졌다
당시 시가 15억원 이상의 아파트에 대해서는
주담대가 금지돼 있었던만큼 양 후보의 장녀는
사업자등록을 통해 법인명의로 대출받았다
이에 대해 양 후보는 '편법적 소지는 있지만
불법은 아니다'라고 해명했다

부도덕한 엘리트들

1990년대에 공산권 국가들이 무너지고
민주주의와 자본주의가 체제 경쟁에서 승리했다
세계는 이 체제에서 번영과 평화를 누릴 것처럼 보였다
20-30년이 지난 지금 그런 희망은
온데간데없이 사라졌다
기성 체제에 대한 불만이 고조되고
한물간 줄 알았던 권위주의적 통치가
세계 곳곳에서 힘을 얻고 있다
100여 년 전 세상을 파국으로 몬 혼란을
다시 마주하게 될지 모른다는 우려가 커지고 있다
세계의 석학과 전략가들이
이 문제를 놓고 고민하는 가운데
마틴 울프 영국 FT(파이낸셜타임스) 수석경제평론가가
『민주주의적 자본주의의 위기』란 책을 내고
논쟁에 뛰어들었다
울프는 세계에서 가장 유명한 경제 칼럼니스트다
그는 약탈적이고 부도덕한 엘리트들이
공화국을 망친다고 했다
울프는 “능력주의를 대체할 대안은 없다”면서도
“능력주의 엘리트들은 자신의 능력과 보상받을 자격을
동일시해서는 안 된다”고 강조했다
“지적 자질에 대한 무조건적인 존경

그렇지 않은 사람에 대한 경멸 또한
위험한 것"이라고도 했다
우리가 새겨들어야 할 말이다
"약탈적이고 부도덕한 엘리트들이
공화국을 망친다"는 말…
이번 총선을 통해서 그런 느낌을 받았다

야당 200석론

한동훈 국민의힘 비대위원장이 31일
지지자들에게 '개헌 저지 의석을
지킬 수 있도록 해달라고 호소했다
야권이 총선압승으로 200석 이상을 차지하면
윤석열 대통령에 대한 탄핵뿐 아니라
개헌을 통한 체제 전환을 시도할 수 있다고 강조하면서
보수층 결집을 유도하려는 전략으로 풀이된다
조국 조국혁신당 대표와 이재명 대표 등이
최근 개헌 필요성을 부쩍 많이 언급하고 있어
한 위원장의 발언이 기우가 아닐 수 있다는 우려도
여권에서 나오고 있다
한동훈 위원장은 경기 용인 유세에서 야권을 가리키며
"저 사람들이 200석으로 뭘하겠다는 것이냐
그냥 권력을 바꾸는 게 아니라 대한민국 체제를 바꾸고
대한민국 헌법에서 '자유'라는 말을 떼내겠다는 것"이라며
"여러분은 그걸 허락할 것이냐"고 말했다

바람의 손자 이정후

데뷔전 안타
두 번째 경기에선 멀티히트
세 번째 경기 만에 첫 홈런
바람의 손자 이정후(26 · 샌프라시스코)가
미국 프로야구 메이저리그(MLB)에서
연일 새바람을 일으키고 있다
이정후는 3월 31일 샌디에이고와의 방문경기에
1번타자 중견수로 출전해
4타수 1안타 2타점을 기록했다
이정후의 안타는 MLB 데뷔 후 첫 홈런이었다
담담한 표정으로 다이아몬드를 돈
이정후는 홈을 밟은 직후 관중석을 향해
손을 번쩍 들었다
이정후의 손가락이 가리킨 곳엔
아버지 이종범 전 LG코치와 가족들이 있었다

조국 현상의 혼돈

조국 현상이 반짝하다 끝날 거라 생각하진 않았지만
이렇게 견고할 줄은 몰랐다고
동아일보 조용관 칼럼이 말한다
호남에선 민주당의 위성정당 지지율을 앞질렀다고 하고
다른 지역에서도 20%대에 근접한
지지 의향을 보이는 곳이 많다
실제 투표로 이어질지는 결과를 봐야겠지만
심상치 않은 흐름이다
2심에서 징역 2년의 실형을 선고받았고
대법원에서 판결이 바뀔 가능성도 거의 없는
범죄자를 왜 지지하는지 알 수 없다며
한탄하는 사람들도 있고
법정 구속을 하지 않은 판사의 비겁함을
탓하는 이들도 있다
반면 멸문지화 운운하며
연민의식을 가진 이들도 있고
어느 정도 죗값을 치른만큼
방탄 프레임에 갇힌 이재명보다 더 선명한
정권 심판에 나설 수 있다는 야권 지지층도 있다
어느 쪽이든 조국 현상의 토양은
윤석열 정권이 만들어줬다는 진단엔

별 이의가 없을 듯하다고 했다
잘생긴 외모와 언변으로 한 때 문재인 정권의 황태자로
진보의 우상으로 떠올랐지만
자녀 입시 비리 위선과 내로남불로 추락했다가
이젠 자신을 파멸시킨 시퍼런 권력에
맞서 싸우겠다고 하니 정당성은 차치하고
그 혈투 자체가 흥미진진한 것이라고 했다

거칠어지는 선거

국민의힘이 선거를 열흘 앞두고
야당을 공격하는 막말의 강도가 높아지고 있다
선거를 이끄는 한동훈 비대위원장이
이재명 더불어민주당 대표를 향해
"정치 개같이 하는 사람"
"쓰레기 같은 말"이라고 비난하는 등
네거티브선거전을 주도하고 있다
서울과 수도권을 중심으로 여론조사에서
국민의힘의 하락세가 심상치 않은 상황이 되자
여당 내에선 윤 대통령의 국정운영기조 전환을
요구하는 목소리가 나오고 있다

경남 김해을 조해진 국민의힘 후보는
"윤 대통령에게 국민을 실망시킨 것
국민을 분노하게 한 것을 사과해야한다"고 주장했다
조 의원은 기자회견에서
"이대로 가면 국민의힘의 참패고 대한민국은 망한다
그러나 아직 살길이 있다
윤 대통령이 국민에게 무릎 꿇는 것"이라며
이같이 말했다
조 의원은 "오만과 독선으로 불통의 모습을 보인 것

정치를 파당적으로 한 것
인사를 배타적으로 한 것
국정과제에 혼란을 초래하고
무기력한 모습을 보인 것을 사과해야 한다"며
"대통령실과 내각은 총사퇴해
대통령에게 국정쇄신의 기회를 줘야 한다"고 덧붙였다
국민의힘에선 자성론도 쏟아졌다
한동훈 비대위원장은
"우리는 반성하고 여러분의 뜻에 맞추는 정당"이라며
"우리 정부도 부족한 게 많다
그런데 중요한 차이는 여러분의 지적에 반응하고
반성하고 고치려느냐 않느냐다"라며 읍소했다

악어의 눈물

이재명 더불어민주당 대표가 3월 31일
여권 내 위기론을 겨냥해
"정부 여당의 읍소작전"이라며
"악어의 눈물에 속으면 안 된다"고 말했다
이 대표는 "국민의힘이 반성한다고 하고
바뀐적이 없다
그들이 (총선에서) 참패할 것 같다는 소리는
엄살이고 대국민 사기행위"라고 비판했다
"국민의힘이 과반을 차지하거나 1당이 되면
이 나라는 건잡을 수 없기 때문에
정말 다급한 것은 우리"라면서 한 말이다

자신의 지역구인 인천 계양을 유세에 나선
이 대표는 줄곧 거친 발언으로 정권심판론을 강조했다
지난 1월 자신의 피습 사건을 언급한 이 대표는
"생선회칼이 등장하지를 않나
야당대표 목에 칼을 들이대는 끔찍한 일이
벌어지지 않나"라며
"민주국가에 날벼락 같은 일"이라고 말했다
의대 정원 이슈에 대해서는 "생명을 지킬
국가가 의사와의 힘겨루기를 하느라

장기간 의료대란을 방치하고 있다"고 비판했다
의정갈등이 봉합될 수 있다는 전망도 했다
이 대표는 "정부 · 여당이 전격적 합의라며
반전을 꾀하지 않을까 예측한다"며
"2,000명이 아닌 700-500명 정원 확대를 한 뒤
'우리가 해결한 거 봤지'라고 할 것이라는
추정이 있다"고 주장했다

네타냐후 나가라

이스라엘 반정부시위에 10만 명이 모였다
이스라엘에서 3월 31일 베냐민 네타냐후 총리의
퇴진과 조기 총선을 요구하는 반정부 시위가 열렸다
팔레스타인 무장 정파 하마스와의
전쟁이 발발한 뒤 최대 규모였다
네타냐후가 이끄는 전시내각이 인질·
휴전협상·초정통파 유대교의 군 입대 문제 등을
제대로 해결하지 못하자 쌓였던 불만이 터졌다
시위대는 의회 주변에 텐트를 치고
4월 3일까지 시위를 하기로 했다

지지율 폭락 일본 자민당

일본 집권 자민당이 비자금 조성 문제에
관련된 소속 의원 39명에게 탈당권고
공천배제 등의 징계를 내릴 예정이라고
NHK 등이 보도했다
파벌 정치자금 스캔들로 기시다 후미오
내각과 자민당 지지율이 동시에 급락한
상황에서 처벌 강화로 여론 반발을
잠재우려는 시도다
39명은 아베파 · 니카이파 소속 의원 전체
83명의 약 절반에 달하는 인원이다

윤대통령 대국민담화

윤석열 대통령이 4월 1일 대국민 담화를 통해
의료 정원 2,000명 확대에 대해
“2,000명은 그냥 나온 숫자가 아니다”며
“정부가 꼼꼼하게 산출한
최소한의 증원 규모”라고 말했다
4 · 10총선을 앞두고 의대 증원 규모에
유연성을 가져야 한다는 여권 내 목소리가 커지는
상황에서도 원칙에 따른 대응을 고수한 것이다
다만 윤 대통령은 의료계가
“더 합리적인 방안을 가져오면 얼마든지
논의할 수 있다”고 대화의 문을 열어뒀다
그러나 의료계는
“기대했던 만큼 실망하게 된 담화문”이라고 비판하고
더불어민주당은 “불통정부”라고 파상공세를 폈다
여당에선 “2,000이라는 숫자의 함정에
빠지면 안 된다”는 지적이 나왔다

튀르키예 집권당 참패

튀르키예 지방선거에서 레제프 타이이프
에르도안 대통령이 이끄는 정의개발당이 참패했다
2023년 5월 대통령 선거에서 이겨
22년째 집권 중인 '21세기 술탄' 에르도안 대통령은
이스탄불과 앙카라를 비롯한
주요 지방자치단체장 자리를 빼앗기며
정치적으로 타격을 입었다
재선에 성공한 에크렘 이마모을루 이스탄불 시장은
강력한 도전자로 떠올랐다
재정 · 금융정책 실패가 누적된 탓에
글로벌 인플레이션에 제대로 대응하지 못한 것이
가장 큰 패배요인으로 꼽힌다
이번 선거는 70%에 달하는 극심한 인플레이션과
경기침체 속에 치러졌다

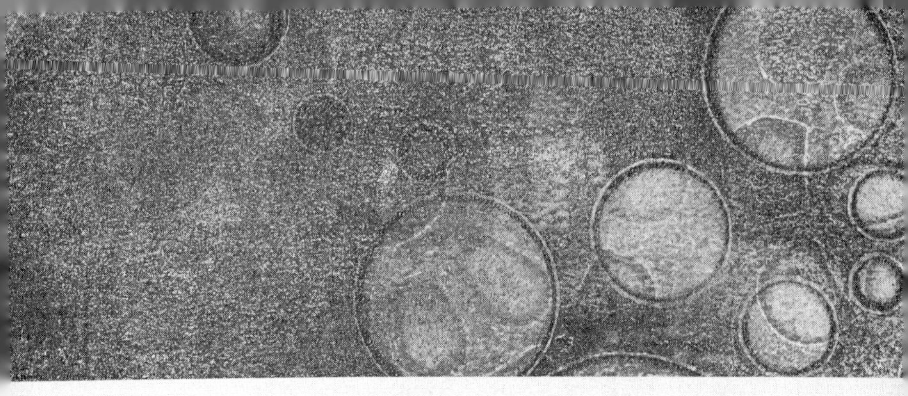

제5장

눈떠보니 후진국

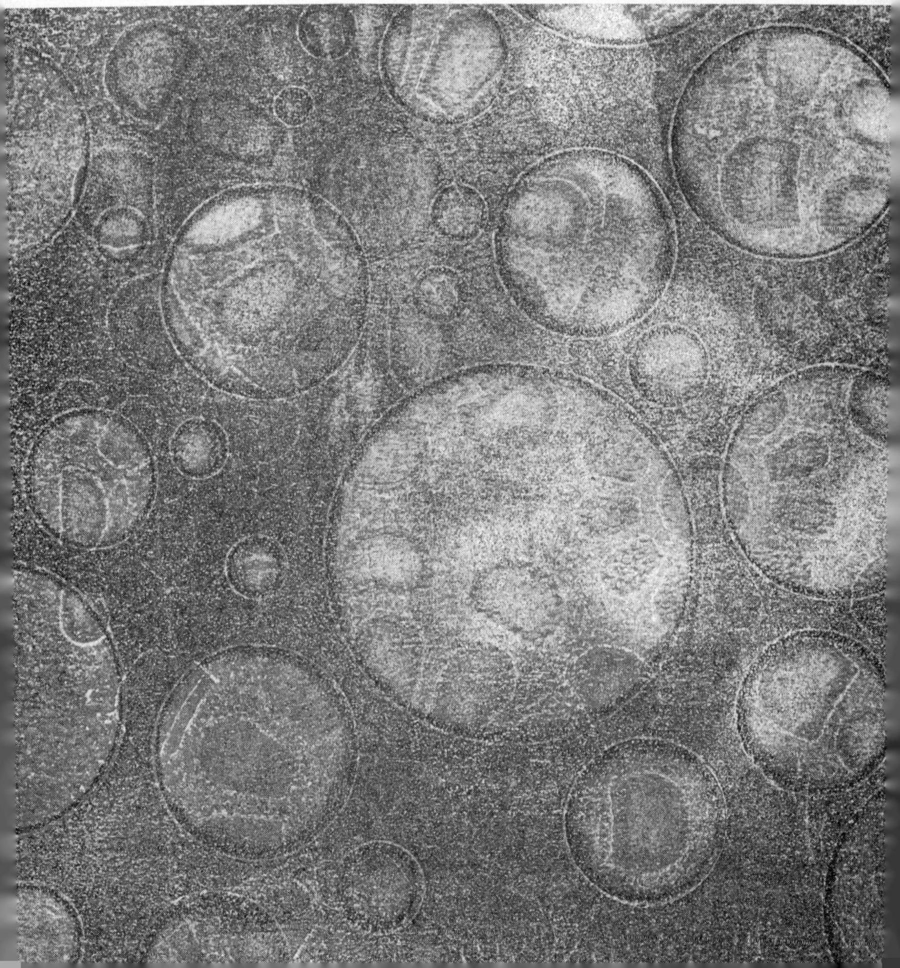

문재인 부·울·경유세

문재인 전 대통령이 4·10총선
부산·울산·경남 지역 더불어민주당 후보
지원유세에 나서
"이렇게 못하는 정부는 처음"이라며
윤석열 정부를 연일 정조준해 비판했다
4월 1일 부산 사상과 경남 양산갑에서
"지금 정부가 너무 못한다
정말 무지하고 무능하고 무도하다"며 포문을 열었다
문 전 대통령은 울산남구로 이동해
"이번 선거는 우리 국민에게
희망을 드려야 하는 선거"라며
"그러기 위해서 민주당이 중심이지만
조국혁신당·새로운미래 이런 야권 정당이
모두 다 힘을 모아야 한다"고 말했다

국민의힘은 "전직 대통령이 선고운동을
노골적으로 하는 것은 전례가 없는 사상 초유의 일이다
대단히 부적절한 행동"이라고 반발했다
한동훈 비상대책위원장은 충청지역 유세에서
"기억이 나쁜 것 같다"
"우리가 경험한 최악의 정부는 바로 문재인 정부"라며

문 전 대통령의 현 정부 비판을 맞받았다
또 "문 전 대통령이 중국에 굴종하고도
'혼밥'했던 장면 기억하느냐?
북한에 갖은 것 다 퍼주기를 하다가
'삶은 소대가리' 소리를 듣던 시대로
돌아가지 않는다"고 반발했다
"우리가 잊어버리고 있던 최악의 정부
문재인 정부의 시절을
여러분이 기억할 수 있게 해준 것"이라고 언급했다

눈떠보니 후진국

문재인 전 대통령이 이틀 연속 윤석열 정부를 향해
"칠십 평생 이렇게 못하는 정부는 처음 본 것 같다"고 했다
지난 1일 부인 김정숙 여사와 함께
부산 사상구 양산시를 돈 데 이어 어제는
울산 일대를 다니며 더불어민주당 출마 후보를 응원했다
문 전 대통령은 현 정부에 대해
"정말 무지하고 무능하고 무도하다"
"눈 떠보니 후진국이라는 소리도 들린다"
"정신 차리도록 해줘야 할 것 같다"고도 말했다

한마디로 어처구니가 없다
우선 전직 대통령이 되임 2년도 안 돼
파란 점퍼를 입고 직접 현장을 돌며
대놓고 선거운동을 하는 모습은 처음본다
역대 대통령들은 국민통합 등을 의식해
자신과 가까웠던 후보들이 사저에 찾아오면
덕담을 건네는 수준에 그쳤다
"임기가 끝나면 잊혀진 사람으로 살고 싶다"고
간절히 했던 말은 도대체 뭐였는지
이제는 되묻고 싶지도 않다
다만 문 전 대통령이 현 정부에 대해

"이렇게 못하는 정부는 처음 본다"는 말을
할 자격이 있는지는 되물어야겠다
문 전 대통령 시절 경제기반이 망가졌다
경제를 정치 논리로 풀다보니 추가경정
예산을 무려 열 번이나 편성 나랏빚이
400조 원 가량 급증했다
국내 총생산 대비 국가부채 비율도 50%대로 높아졌고
가파르게 최저임금을 올리고
주 52시간으로 근로 조건을 규제하는 바람에
인건비는 치솟고 물가는 급등했다
세계수준의 원자력 기술을 내팽개치고
탈원전을 한다며 신재생에너지 확대 정책을 추진하다
국가경쟁력은 추락했고 피해는
온전히 국민 몫으로 돌아왔다… 등
어디 그뿐인가

5년 내내 북한이 핵을 포기할 것이란
'희망적 사고'에 사로잡혀 북한의 핵
고도화를 방관한 과오는 치명적이다
죽창가를 부르며 한일관계를 최악으로 치닫게 한
책임도 막중하다
누구나 현 정부를 비판할 수 있다
하지만 적어도 이런 총체적 정책 실패의 당사자가
몰염치하게 그런 말을 할 자격은 없다

정말로 '한번도 경험해 보지 못한'
전직 대통령이라고 한 중앙일보 사설은 말하고 있다
특히 4년차 선진국 대한민국에서
"깨어보니 후진국이라…"

재판에 출석한 이재명

이재명 더불어민주당 대표가
4월 2일 서울중앙지방법원에서 열린
'대장동 · 성남FC · 백현동' 관련 배임 · 뇌물
혐의 재판에 출석했다
그는 청사 앞에서 "공식선거운동 기간이 13일인데
그 중 3일간을 법정에 출석하게 됐다"며
"천금같이 귀한 시간이고 국가의 운명이 달린 선거에
제1야당 대표로서 선거에 집중하지
못하는 상황이 안타깝다"고 말했다
이어 "이 역시도 검찰독재정권의 정치 검찰이
수사 기소권을 남용해 가면서
원했던 결과가 아닌가 생각된다"고 했다

성상납 발언 김준혁

더불어민주당 경기 수원정에 출마한 김준혁 후보가
과거 "김활란 이화여대 초대 총장(1899-1970)이
학생에게 성 상납을 시켰다"고 발언한 것으로 알려지며
논란이 일고 있다
이화여대는 김 후보의 사과와 사퇴를 촉구했고
일본군 위안부 피해자 이용수 할머니(96)는
의원 자격이 없다고 비판했다
한편 민주당 이재명 대표는 2일
국민의힘 나경원 후보(동작을)를
나배(나경원 + 아베 신조 전 일본 총리)라고 불러
막말 논란을 일으켰다

대파값 논란 보도

"대파값 875원이면 합리적"이라는
윤석열 대통령 발언을 둘러싼 논란을 보도한
MBC 기사에 대해 방통위에 민원을 넣은 주체가
국민의힘으로 알려졌다
고민정 더불어민주당 의원이 방심위로부터 제출받은
정당 · 단체 제출현황에 따르면
이른바 '대파값 논란'을 보도한 MBC에 관한
민원을 넣은 주체는 국민의힘이었다
MBC 뉴스데스크는 3월 20일
"민생점검 날 대폭 할인? 때아닌 대파 논쟁" 기사에서
이틀 전 나온 윤석열 대통령의
"나도 시장을 많이 봐서 대파 875원이면
그냥 합리적인 가격이라고 생각된다"는 발언을 둘러싼
온라인 · 정치권의 논란을 보도했다

서울중앙지방법원 회신

제목: 민원서 회신(3차청원서)

1. 우리 법원 총무과-3476호(2024. 3. 21.)로 접수한 귀하의 민원서에 대한 회신입니다. (2024. 4. 3. 우편접수)

2. 귀하의 민원 내용은 서울중앙지방법원 203타경112661 부동산경매 사건과 관련하여 강제매각을 유예해 달라는 내용으로 보입니다.

3. 귀하의 민원과 관련하여 헌법 103조는 "법관은 헌법과 법률에 의하여 그 양심에 따라 독립하여 심판한다."라고 정하고 있으므로 현재 진행 중인 재판에 관하여는 누구도 재판에 개입하거나 간섭할 수 없습니다. 아울러 사법보좌관은 법원조직법 제54조 제2항 및 사법보좌관규칙 제2조에 의하여 법원의 사무 중 일부를 독립하여 처리하고 있는바, 사법보좌관이 위 규정에 근거하여 재판사무를 행하는 경우에도 재판의 진행이나 결과에 대하여 따로 불복절차가 마련되어 있는 경우에는 법관의 경우와 마찬가지로 이의신청 · 항고 등 법률이 정한 절차에 따라 불복할 수밖에 없음을 양지하여 주시기 바라며 구체적인 사건에 관한 의견서 등은 해당 경매계(경매11계 · 02-530-1817)로

제출하여 주시기 바랍니다.

4. 그밖에 구체적인 법률관계나 법률절차에 관한 것은 변호사, 법무사, 대한법률구조공단 등 유·무료 법률상담 등을 통하여 도움을 받으실 수 있음을 알려드립니다. 감사합니다. 끝.

서울중앙지방법원 민원서

서울중앙지방법원
경매11계 법원주사보 오승희 귀하

안녕하십니까?

2024년 2월 8일 자로 오승희 님으로부터 부동산 강제경매(2023타경112661) 통보를 받은 사람입니다. 2024년 2월 29일 1차경매 때 사무실 창구에서 잠깐 뵌 일은 있습니다만 초면에 실례를 무릅쓰고 이 글을 올립니다.

나의 직업은 공인회계사입니다만 역사에 관심이 있어 책을 출판하다 보니 출판사에서 역사학자라는 명칭을 사용하는 아마추어 역사가입니다.

나이 90을 넘긴 늙은이가 불명예스러운 황혼이혼 소송을 당하면서 법조계가 너무나 경직돼 있음을 발견하고 역사의식으로 그 분위기를 바꿔보고 싶은 욕심이 생겼습니다. 그동안 『법조계 악성카르텔』 『재판인가 개판인가』 『법조계 경고음』이란 역사서사시집을 출간했고 지금은 『망국의 법조계 패거리들』이라는 책을 쓰고 있습니다.

그런데 대한민국 최고의 엘리트집단의 권위랄까 보이지 않는 위압감을 느끼고 있습니다. 나에게는 조그마한 도움이 필요합니다.

그 도움이 돼주시면 안 되겠습니까?

나는 임용원과 재혼해서 35년 동안 남들이 부러워할 정도로 행복한 부부였습니다.

뭐가 잘못 꼬여서 이혼에까지 이르게 되었지만 이혼 정리만이라도 잡음 없이 하고 싶은 생각입니다.

그런데 강제경매를 신청해 놓고 아내 임용원은 행방이 묘연합니다.

아내와 마주앉아 '강제경매'가 아닌 대화로 원만하게 해결할 수 있게 기회를 마련해 주시기를 바라는 마음에서 이 글을 올립니다.

그동안 서울중앙지방법원에 3회, 서울고등법원 1회, 대법원 2회, 헌법재판소에 1회 청원서를 제출한 바 있습니다. 회신내용을 보면 공식적이고 사무적인 내용들이었습니다.

그러다가 서울중앙지방법원 2회 청원서 회신부터 조그마한 빛(희망)이 보였습니다.

"귀하의 의견을 소중하게 받아들여 사법개선에 참고하도록 하겠으며 앞으로도 법원에 대한 불편사항이나 사법행정 개선에 관한 의견을 보내주시면 사법업무 발전에 적극 반영하도록 노력하겠습니다."라고 하였습니다.

3차 회신에선

"귀하의 민원과 관련하여… 재판진행이나 결과에 대하여 따로 불복절차가 마련되어 있는 경우에는 법관의 경우와 마찬가지로 이의신청·항고 등 법률이 정한 절차에 따라 불복할 수밖에 없음을 양해하여 주시기 바라며, 구체적인 사건에 관한 의견서 등은 '해당경매계(경매11계)'로 제출하여 주시기 바랍니다. 감사합니다."라는 회신을 받았습니다.

나는 이에 대한 민원을 경매11계에서 실무자 재량으로 처리할 수 있다는 말로 믿고 싶습니다. 댐이 무너질 때도 쥐구멍에서부터 물이 샌다고 했습니다.

사회개혁도 조그마한 일에서부터 시작해 사회혁명으로 비화하는 것을 역사에서 많이 봐 왔습니다. 어려운 부탁을 드려 죄송합니다만 보내드리는 자료를 검토하시고 선처하여 주시기를 이 늙은이가 간절히 호소합니다. 미안합니다.

별첨 1. 서울중앙지방법원 2차청원서
2. 서울중앙지방법원 3차청원서
3. 서울중앙지방법원 3차 민원서 회신

2024년 4월 8일

김 제 방

삼성 · GS 사우디 9.7조 공사

삼성E&A와 GS건설이

사우디아라비아에서 발주한

72억 달러(약9조7000억) 규모의

'파달리 가스증설 프로그램' 공사를 따냈다

한국 기업이 따낸 사우디 건설사업 중

역대 최대 규모다

전체 해외 건설수주를 놓고 보면

세 번째로 큰 규모다

선거판세는 살얼음판

한동훈 국민의힘 비상대책위원장이
4·10총선을 7일 앞두고
처음으로 판세 예측을 내놨다
"해석사식 정치를 삼가야한다"며
의석수 예상치를 내놓는데 신중했던
지난달과 달리 한 위원장은
4월 3일 충북 충주 유세에서
"박빙으로 분석하는 곳이 전국에 55곳이고
그중 수도권이 25곳"이라며
"지금의 총선 판세는 말 그대로
살얼음판"이라고 했다

대만의 7.2도 강진

2024년 4월 3일 오전 7시 58분쯤
동부 화롄현에서 남동쪽으로 25km 떨어진 해역에서
25년 만에 규모 7.2의 강진이 발생했다
최소 10명 사망 부상 1,000여 명으로
건물 100여 채가 붕괴하는 등 피해 속출
주변인 중국 · 필리핀 · 일본 등 정부는
자국에 쓰나미 경보를 내렸다
여진 300여 회 발생한 것으로 집계했다
원폭 32개 위력에… 화롄 건물붕괴
산사태로 대만 전체가 흔들렸다
"열차가 심하게 흔들리고
창밖으로 산이 뿌연 먼지를 일으키며 무너졌다"고 했고
무엇보다 TSMC시설이 손상돼
IT업계가 바짝 긴장하고 있다

여야 대표들의 막말

한동훈 위원장과 이재명 대표가 4·10
총선 국면에서 지지층 결집을 이유로
연일 폭언과 성차별 발언 등
저질 막말을 쏟아내면서
'막장 총선'에 앞장서고 있다
"상대가 되면 나라가 망한다" 등…
한동훈 위원장은 3일 춘천유세에서
"이재명 대표는 본인도 인정하다시피
일베(극우성향 온라인 커뮤니티 일간 베스트)
출신이라고 말했다
"오늘 이 대표가 제주 4·3의 책임이
우리 당에 있다고 이야기했다"며
"일베출신 이재명 대표 같은 분이야말로
제주 역사의 아픔을 정치적으로 이용만 해왔다"고 했다
이재명 대표는 경남 창원 유세에서
"엉터리 국가 살림을 하니
세계 10대 경제강국 5대무역흑자 국가가
북한보다 못한
200대 무역적자 국가로 전락했다"고 주장했다

전관변호사 간판

자신이 근무했던 법원 앞에 법무법인을 차린 뒤
'전OO지법 판사 출신'이라는 간판을 내걸고
사건을 수임한 변호사에 대해
대한변호사회가 징계를 위한 조사 절차에 착수했다
변호사 수가 급증하면서 수임경쟁이 치열해지는 가운데
'판검사 출신 전관'을 앞세운 변호사 광고가
지나치다는 지적이 나오자
대한변협이 엄정 대응에 나선 것으로 풀이된다

전관(前官)을 앞세운 사건 수임은
최근 변호사시장이 포화상태에 이르면서
더 기승을 부리고 있다
2014년 18,708명이던 등록 변호사 수는
2024년 3월 기준 34,851명으로 10년 새
2배 수준이 됐다
실제 '전관예우(前官禮遇)'를 포털사이트에
검색하기만 해도 '전관예우 법무법인 OO'
'전관예우 OO변호사' 등 대놓고 선전하는
광고를 쉽게 찾아볼 수 있다
하지만 '전관'은 이름만 올리고
실제 변론에는 참여하지 않는 경우가 많다고 한다

수도권 고법의 한 부장판사는
"결국 피해는 비싼 수임료를 내는 소비자(국민) 몫이고
사법신뢰 역시 떨어뜨리는 요인"이라고 말한다

송영길 재판 불출석

더불어민주당의 '전당대회 돈봉투 의혹'으로
수감 중인 송영길 소나무당 대표가
3일 재판에도 나오지 않았다
법원이 보석 신청을 기각하자
공판에 불출석한 것이다
재판부는 송 대표가 다음 재판에도 나오지 않으면
구인영장을 발부할 수 있다고 경고했다
송 대표는 서울구치소에 수감된 상태로
소나무당을 창당해
광주서갑 후보로 4·10총선에 출마했다

대통령·전공의 만남

윤석열 대통령이 4월 4일
박단 대전협(대한전공의협의회) 비대위원장과 만나
“향후 의사 증원을 포함한 의료개혁에 관해
의료계와 논의 시 정공의들의 입장을
존중하기로 했다”고 말했다
의대 정원 2,000 확대안의 조정 가능성을 시사한 것이다
이날 면담은 용산 대통령실 청사에서
오후 2시부터 140분 동안 이뤄졌다
2월 19일 전공의들이
집단행동에 나선 이후 46일 만이다
박단 위원장은 윤 대통령과 면담 뒤
페이스북에 “대한민국 의료의 미래는 없다”고 했고
대통령실 고위관계자는
“구체적인 면담 내용은 공개할 수 없다”고 했다

판사도 못해먹겠다

"판사도 못해먹겠다"는 말은
노무현 정부시절 "검사도 못해먹겠다"는 말이 회자됐다
피고인이 검사와 대등한 당사자로 재판에 임하는
공판 중심주의가 강조되면서부터다
이용훈 당시 대법원장은
"검사의 수사 기록을 던져버려라"고 법관들을 채근했다

그로부터 약 20년 "판사 못해먹겠다"는 말이 들린다
판사 때리기의 주역들은 다름 아닌
'검새' 비난에 앞장섰던 노무현의 후예로
'돈봉투 의혹'의 송영길 전 대표가 선봉장이다
그는 두 번이나 법정에 불출석했다
이재명 더불어민주당 대표의 판사 무시도 노골적이다
대장동 재판에 수차례 불참하다가 오래간만에 출두해
"내가 없어도 재판 진행에 지장이 없다"며
당당하게 불출석을 요구했다

정치의 사법부 침공은 판사들의
자업자득(自業自得) 성격도 없지 않다
2심까지 유죄판결을 받은 조국이 구속되지 않고
총선판을 휘저으니 송영길로서는 억울할 법도할 것이다

훨씬 중범죄 혐의의 이재명도 선거판을
종횡무진 휘젓고 다니지 않는가
자성하고 있어야 할 문재인 전 대통령까지도
선거판에 뛰어들어 물의를 일으키고 있다
'재판인지 개판인지'
'선거판인지 개판인지'
뒤죽박죽이 돼 도무지 알 수가 없다

4 · 10총선 사전투표

제22대 4 · 10총선 사전투표가
4월 5-6일 오전 6시부터 오후 6시까지 실시되고
4일부터 여론조사 공표 금지 기간인
'블랙아웃'에 돌입했다
언론사들은 전날까지 조사한 여론조사
결과를 4일 발표했다
지역구에서는 더불어민주당과 국민의힘이
한강벨트 · 낙동강벨트 주요 승부처에서
초접전 양상을 보였다
비례대표 투표에서는
조국혁신당의 선전이 도드라졌다

이스라엘 지원 그만

조 바이든 미국 대통령의 부인 질 바이든 여사가
팔레스타인 가자지구에서 전쟁을 벌이고 있는
이스라엘을 전폭적으로 지원해온 바이든 대통령에게
"이제 그만 멈추라"며
반대 의견을 표한 것으로 전해졌다

6개월간 이어진 전쟁으로
가자지구 누적 사망자가 33,000여 명에 이른 데다
이스라엘군이 민간인 · 언론인 · 의료진 · 구호요원까지
무차별 공격하면서 국제사회에선
전쟁 비판 여론이 고조되고 있다

K반도체의 봄

돌아온 K반체의 봄… 재도약의 기회로
삼성전자의 올해 1분기 영업이익이
6조 6,000억 원으로 1년 전보다
9.3배 급증한 것으로 잠정 집계됐다
작년 한 해 영업이익을 뛰어넘는 깜짝 실적이다
매출 역시 5분기 만에 70조원 대를 회복했다
반도체 업황 회복에 따라 반도체사업 부문이
5개분기 만에 흑자로 돌아선 영향이 컸다
반도체시장에 훈풍이 불면서
수출과 연관 산업에도 청신호가 켜졌다

첫날투표 691만 명

4 · 10총선 사전투표 첫날인 4월 5일
투표율이 15.61%로 집계 됐다
총유권자 4,428만 명 중 691만 명이
투표한 것이다
사전투표 첫날 기준 역대 총선 가운데 최고치로
4년전 21대 총선 사전투표율
첫날 12.14%보다 3.47%포인트 높았다
여야는 높은 사전투표율이 각각
자신들에게 유리하다고 강조하며
지지층 결집을 호소했다

막판판세 가를 3대변수

5일 앞으로 다가온 4 · 10총선과
관련해 정치권에서는
▶ 야당 후보들의 막말
▶ 의 · 정 갈등의 해결 여부
▶ 6070 투표율 등을
막판 변수로 꼽았다
여론조사에서 밀리고 있는 여권은
이들 이슈의 진전에 따라 50곳이 넘는 경합지의
승패가 결정될 것으로 예상했다
한동훈 국민의힘 비대위원장은
김준혁 민주당 후보의 막말
양문석 후보의 부동산 편법대출
공영운 후보 자녀 아빠찬스 논란 등이
공세대상이라고 했다
여당은 고령층의 결집과
높은 투표율도 기대하고 있다

조국당 편드는 문재인

"조국혁신당이 좀 더 대중적인 정당으로
성장해 가는 것이 중요하다"
문재인 전 대통령이 4·10총선 사전 투표 첫날인 5일
경남 양산 하북면 주민자치센터 사전투표소에서
투표를 마치고 취재진과 만나 이렇게 말했다
여기서 문 전 대통령은
"투표해야 심판할 수 있고 투표해야 바뀐다"며
윤석열 정부 심판을 강조했지만
정작 정치권이 주목한 건
그가 조국혁신당을 언급한 대목이다
총선 이후 민주당 내 친문세력의
정치적 선택을 예측해볼 수 있는
힌트로 해석됐기 때문이다

이는 이재명 민주당 대표가
'더불어몰빵론'(지역구 민주당·비례대표·
더불어민주연합)을 주장하는 가운데
문 전 대통령이 상반된 입장을 내놓은 것이라
관심이 쏠린다
조국혁신당의 선전은 야권 지지를 분산해
더불어민주연합 당선자 수를 줄이는 요인으로 작용한다

정치권에서는 “조국혁신당에 대한
문재인 전 대통령의 생각이 단적으로 드러났고
이는 민주당 계파 갈등의
또 다른 씨앗이 될 수 있다”는 평가가 나와
조국혁신당에 힘을 실어준 의도된 발언이라는 해석이다
이에 이재명 대표 강성 지지층 ‘개딸’은
“이럴 거면 탈당하라”는 비난이 터져 나왔다

더불어민주당 주요 인사들도 잇따라
조국 조국혁신당 대표를 옹호하는 발언을 내놓고 있다
입시비리사건으로 민심이 등을 돌렸던
4년 전 사과했던 것과 대비된다
김부겸 민주당 상임공동선거대책위원장은
5일 “야권으로서 조국 대표 같은 리더가 나타나
다양한 목소리를 내는 게 바람직하다”며
“검찰이 너무했다는 국민 정서도 상당하다”고 말했다
이해찬 민주당 상임공동선대위원장 역시
조국혁신당 약진에 대해
“그만큼 윤석열 정권과 단호하게 싸우는 모습을
국민들이 보고 싶은 것”이라고 말을 바꿨다
조국혁신당과 거리를 두려는 지도부 방침에도 불구하고
민주당 총선 후보들도 조 대표에 대한
지지 발언을 잇따라 내놓고 있다

전공의 내분격화

의정(醫政)갈등이 복잡하게 꼬이고 있다
정부가 의대 증원 2,000명 수치까지
협상여지가 있다면서 유연한 태도를 보이는데도
전공의 상당수는 '전면 백지화'를 고집하고 있어서다
전공의 대표가 대통령과 대화에 나섰다는 이유만으로
'내부의 적'이라는 비판이 나오는 등
의료계와 전공의 내부 분열도 커지는 양상이다
의료계 일각에서는
"환자를 생각해서도 대화에 나서야 한다"는
목소리가 나왔지만 전공의와 의료계의 반응은 달랐다
박단 대한전공의협의회 비대위원장에게
"왜 대화에 나섰냐"는 비판이 쏟아졌다
정부가 '2,000명 의대 정원 확대'와
필수의료 패키지 정책을 전면 백지화하지 않으면
대화를 시작하지 않겠다는 원칙을 어겼다는 이유에서다

제6장

22대 총선 여당 참패

SM Photo Essay

사전투표율 31.28%

2024년 4월 5-6일 진행된 4 · 10총선
사전투표율이 31.28%로 역대 총선 최고치를 기록했다
전국 3565개 투표소에서 진행된 사전투표에
전체 유권자 4,428만11명 가운데
1,384만9,043명이 참여했다
지역별로는 전남 41.19% 전북 38.46%
광주 38.00%로 호남이 1-3위를
기록했고 대구가 25.60%로 가장 낮았다

한동훈 비대위원장은
"어제오늘 사전투표율이 올라갔는데
왜 올라갔겠는가"라며
"우리가 얼마나 범죄자에 대해 화가 났는지
보여주기 위해 여러분이
사전투표장 나갔기 때문"이라고 말했다
김기현 후보(울산 남을)는
"파렴치한 중대 범죄자들이 설치고 다니는
역대급 비호감 총선을 보며
민심이 부글부글 끓고 있다는 방증"이라고 주장했다

더불어민주당을 포함한 야당은 높은

정권심판 염원이 드러난 것이라고 해석했다
강선우 민주당 대변인은
"하루라도 윤석열 정권을 심판하겠다는
성난 민심이 확인됐다"면서
"윤석열 정권의 무능과 폭정을 향해
위대한 국민께서 투표로
주권자의 힘을 보여주셨다"고 평가했다
이처럼 여야 모두 자신들에게
유리한 결과라는 평가를 내놨지만
사전투표 만으로 여야 유불리를 따지기
어려울 것으로 분석된다
전문가들도 어느 당에 유리하게
작용할 지에 대해 엇갈리게 전망했다

선관위 대파지침 논란

4 · 10총선 사전투표가 진행된
투표소에서는 '대파 인증'이 이어졌다
중앙선거관리위원회의 '사전투표소에
정치목적의 대파 반입 금지' 원칙이 알려지면서
일부 시민들은 선관위가 표현의 자유를 억압한다며
실제 파 또는 대파가 그려진 가방
대파모양 볼펜 등을 가지고 투표소를 찾았는데
전문가들 사이에선 선관위 지침이
과도하다는 지적과 함께 맞다는 의견도 나왔지만
한국인 특유의 유별난 풍경임에는 틀림이 없다

"거짓이냐 진실이냐는 중요하지 않다
반복하면 믿게 된다"
"이성보다 감성이고 복잡한 이념은 필요 없다"
"선동은 한 줄로 가능하지만 반박하려면
수십 장의 문서가 필요하다"
선동의 바이블로 통하는 문구들이다
야권이 지난 3주간 윤석열 대통령의
'대파 875원이면 합리적' 발언을 물고
늘어지는 것을 보고 이런 문구들을 떠올린다

이재명 더불어민주당 대표는
유세장 곳곳에서 대파를 흔들고
야권은 '대파 챌린지'를 벌이고 있다
대파 헬멧까지 등장하고 대파 혁명을 외치고 있다
요지는 윤 대통령이
대파 가격도 제대로 모른다는 것이다
이 대표는 "(대파 한 단을 들고) 850원 짜리가 맞느냐"며
"5,000원"이라고 했다
조국 조국혁신당 대표는
"대파 한 단이 875원이라 믿는 사람에게
3년을 맡길 수 있냐"고 했다
이에는 쉽게 부화뇌동하거나 현혹되는
유권자들이 있는 게 문제다

자유의 여신상도 흔들

세계에서 가장 유명한 마천루 도시이자
광역권 인구가 약 2,000만 명에 이르는
미국 최대 도시 뉴욕 일대에
4월 5일 규모 4.8지진이 발생했다
대표 명물 '자유의 여신상'은 물론이고
맨해튼의 최고층 빌딩들이 강하게 흔들리는 모습이
현지 소셜미디어에 올라왔다
지진에 따른 피해는
일부 건물이 손상되는 정도에 그쳤지만
앞으로 여진이 뒤따를 가능성을 배제할 수 없어
아직 안심하기엔 어렵다고 했다

이란 영사관 피격 여파

이스라엘이 시리아 다마스쿠스 주재
이란 영사관 폭격 후 전운이 고조된 가운데
이란이 이스라엘에 직접 보복을 예고했다
이란은 미국을 향해서도
이스라엘과 이란 간 갈등에
"끼어들지 말라"며 으름장을 놓고 있다
그동안 이란 지도부는
이스라엘 · 서방 국가와의 전면전을 피하면서도
레바논 · 시리아 · 예멘 · 이라크 등에 있는
무장정파를 지원하는 방식으로
전략적 균형을 맞춰왔다
하지만 이제는 이란이 억제력을 갖추기 위해
이스라엘과 미국에 직접 공격할
가능성이 높아지고 있다

법률이라는 항아리

지금 2024년 4 · 10총선은 법률이라는
항아리에 갇혀있던 사람들의 다툼으로 볼 수도 있다
미국의 판 · 검사들은 일정기간 사회경험을 쌓은 뒤에
임명하는 것으로 알고 있다
우리나라와는 많이 다르다
사법고시라는 항아리 속에서
사회와는 단절된 상태에서
오직 법률 공부에 매몰된 고시생들은
고시 합격 후 즉시 국가권력 한가운데에 서면서
우월감을 가진 사회초년생들이다

삼성전자와 같은 국가적인 기업의 비자금
조성과 불법 경영승계 등을 법으로
제압하려 드는 이들을 보면서
어떻게 설명할 수 없는 묘한 감정을 느끼면서
살아온 우리들
새파랗게 젊은 사람들이 법의 잣대를
들이대며 범죄 취급하는 판검사 앞에서
벌벌 떠는 재벌총수들의 심정을 누가 알까
벌주고 구속하고 때로는 이들에게 읍소하는
광경을 수도 없이 보면서 살아온

우리들이 아닌가
어느 것이 정의고
어느 것이 부조리인지 분간이 어려운
세상에 우리는 지금 살고 있다

지금 여당엔 윤석열 대통령과
국민의힘 한동훈 비대위원장이 있는가 하면
야당엔 더불어민주당 이재명 대표가 민변출신이고
조국혁신당 조국 대표는 고시에는 합격하지 못하고
그 한을 품고 법대교수로서 명성을 떨친 이력을 안고
정계에 뛰어든 사람들이다
이들은 대한민국 최고 엘리트인 것만은 확실하지만
희노애락(喜怒哀樂)의 광활한 사회경험을
체험하지 못하고 오직 법이라는
좁은 항아리 안에서 성장한 사람들이란 공통점이 있다

국가대사를 치르면서 여당은 야당을
'범죄집단 심판'으로 매도하고
야당은 대파를 들고 투표장에 들어가
대통령을 '검찰독재 타도'라 주장한다
'돼지 눈에는 돼지만 보인다'라는 말을 한
이재명 대표의 말이 떠오른다
어느 날 이성계와 무학대사가 마주앉았다
태조 이성계가 무학대사의 얼굴이

‘돼지로 보인다’고 하자 무학대사는
소승의 눈엔 ‘상감이 부처님으로 보인다’고 답했다
“왜 그렇소?”
“돼지 눈엔 돼지만 보이고
부처님 눈엔 부처만 보입니다”라고 했다는
일화를 인용한 것이다

그들은 상대방이 이기면 “나라가 망한다”라는
절박감을 표출하고 있다
내가 사법고시에 떨어지면 고시낭인으로
평생을 고생한다는 절망감 같은 것으로
무장한 사람들처럼 보인다
그러나 항아리를 깨고 세상에 나와 보면
더 넓은 세상이 있다는 사실을 알게 될 것이다
법으로는 다스릴 수 없는 일들이
수없이 많다는 말이다
전쟁 같은 선거판을 보면서 답답한 마음을
어디에 하소연할 곳도 없거니와
이들의 막장드라마 같은 싸움판을 보면서
『망국의 법조계 패거리들』
즉 4·10총선은
‘전관예우(前官禮遇)’ 그룹과
‘민변예우(民辯禮遇)’ 그룹의 피 터지는
싸움일 수도 있다는 생각에 이르게 된다

최근에 법조 엘리트가 양산(量産)되면서
사회갈등을 해소하기보다는 생존경쟁(生存競爭)과
법률갈등(法律葛藤)을 부추기는
요인은 아닌가 하는 우려와 함께
법조계의 변혁을 바라는 마음만 간절할 뿐이다

정찰위성 2호 발사 성공

우리 군이 2024년 4월 8일 군정찰위성
2호기가 발사에 성공했다
2호기는 전자파를 활용해
전천후 지상 표적 관측이 가능한
우리 군 첫 영상레이더 위성이다
악천후에도 북한 핵 · 미사일 기지를 샅샅이 훑을 수 있는
고해상도 영상레이더(SAR)를 탑재하고 있어
지난해 12월 발사한 1호기는 가시광선 등을 활용한
전자광학 · 적외선 센서 방식이라
날씨가 나쁘면 지상 관측 등 임무 수행이 어려웠지만
2호기 발사로 대북 킬체인(선제타격)의
고성능 '눈'을 확보했다는 평가가 나온다

태평양전쟁

귀축영미(鬼畜英美)는 일제 말기를 살았던
사람들에게서 곧잘 듣는 말이다
일본제국이 '동아시아를 지키기 위해 수행했다'던
그 전쟁 상대는 '악귀와 짐승 같은 나라'
영국과 미국으로 그와 함께 늘 따라오는 말은
대동아전쟁(大東亞戰爭)이다
일본이 1941년 12월 진주만 공격으로
참전한 2차 세계대전을 당시 사람들은 그렇게 불렀다
일본이 '대동아'란 말을 처음 쓴 것은 1940년
2차 노고에 내각의 기본국책요강에서였다
3년 차에 접어든 중일전쟁(中日戰爭)의 목적을
대동아공영권에서 찾았다
중국 · 조선 · 대만 · 동아시아를
구미 열강의 지배로부터 지켜냄으로써
동아시아 공동 번영을 이루겠다는 의미를 담았다
일본은 1941년 미국과 전쟁을 시작하며
이 전쟁을 대동아전쟁으로 명명했다
대동아는 단지 '넓은 동아시아 지역'이라는
지리적 의미가 아니라
지정학적 의미를 담고 있었던 셈이다

1945년 8월 종전 직후 일본을 점령한
연합군최고사령부는 '대동아전쟁이 군국주의 용어'라며
공문서에 쓰지 못하게 했고
일본 사회는 여전히 이 말을 금기어로 여겼다
대신 '이전의 전쟁' '태평양전쟁'으로 불렀는데
한국에서도 이 말은 일본의 식민지배와
침략전쟁을 정당화하는 의도를 담은 것으로 여겨
잘 쓰지 않았다
최근 일본 육상자위대 부대가 공식 SNS계정에
대동아전쟁 용어를 사용해 논란이 일고 있다
미 · 일 이오지마 전몰자합동 위령추도식 소식을 전하며
이오지마 지대를 "대동아전쟁의
최대 격전지"라고 표현한 것이다

격전지 대권 잠룡들

인천 계양을 이재명 vs 원희룡
경기 성남 분당갑 이광재 vs 안철수
경기 화성을 공영운 vs 한정민 vs 이준석
광주 광산을 민형배 vs 이낙연
경남 양산을 김두관 vs 김태호 등은
4 · 10총선 결과에 따라
차기 대선구도에 지대한 영향을 미칠 수 있는
선거구로 평가되고 있다
당선되면 대선 가도에 탄력을 받겠지만
낙선하면 정치적 미래가 불투명하다는 것이다

또한 4 · 10총선 결과는 이번 선거에서
승부수를 던진 유력 정치인들의 정치경로를
바꿀 분기점이 될 것으로 보인다
한동훈 국민의힘 비대위원장은
여당이 1당이 되면 당을 위기에서 구한
영웅으로 독보적인 지위를 굳히겠지만
야권에 1당과 과반의석을 내주면
미래주자의 지위가 흔들리고
당내에 남기가 어려울 것이란 관측이 나온다
더불어민주당이 과반의석을 얻으면

이재명 대표는 사법리스크를 뚫고
정국을 주도할 힘을 쥐게 될 것으로 전망된다
조국혁신당이 정당 득표만으로
10여 석을 얻는 성적을 거둔다면
조국 대표는 이재명 대표에 대적할
야권의 다크호스로 자리매김하게 된다
한동훈 위원장이 총선 승리를 이끈다면 여당 내 위상은
대통령과 비슷한 정도로 높아질 수 있다
윤석열 대통령의 국정지지율이 30%대 중반에 머무는데
그의 말대로 "9회말 2아웃"
타석에서 역전을 이끌었기 때문이다(경향신문 참조)

문재인 죽여 막말

국민의힘 윤영석 후보(경남 양산갑)가
7일 유세 중 "문재인 죽여야 돼"라고
발언한 사실이 알려져 논란이 되고 있다
윤영석 후보는 문재인 전 대통령 사저가 있는
양산시 하북면 평산마을이 속한 양산갑에서 3선을 했다
윤 후보는 4월 8일
"양산시민 여러분께 심려를 드려 죄송하다"고 밝혔고
오후 입장문을 통해
"문 전 대통령께 직접 들으라고 했던 발언은 아니다"라며
"유세 마이크를 끄고 유세 차량에 탑승해서
빠르게 이동하는 중에 발생한 일"이라고 말했다
그러면서 "문 전 대통령을 협박하거나
위해를 하려는 의도는 결코 없었다"
다만 윤영석 후보는
"문 전 대통령은 결코 성역이 아니다"
"문 전 대통령은 한가롭게 민주당 후보들
선거운동을 다니고 있다
국가 원로로서 국민 눈높이에 맞는
중용의 자세를 지켜야 마땅하다"고 말했다
민주당 이재명 대표는
"믿기 힘든 극언에 등골이 서늘했다"며

"전직 대통령을 상대로 폭력과 테러를 부추기는
집권여당 후보라니
대체 민주주의를 어디까지 퇴행시킬 작정이냐
국민 분노를 유발하는 증오 정치"라고 비판했다

혐오의 총선

2024년 총선은 역대급 혐오의 선거다
전 · 현직 대통령을 혐오하고
역사적인 인물을 혐오하고
여성을 혐오하고
혐오할 수 있는 모든 것을 혐오한다
혐오하니까 심판하겠다고 한다
정권을 심판하겠다고 하고 야당을
심판하겠다고 한다
일전에 문재인 전 대통령은
"눈떠 보니 후진국"이라고 했다
눈을 안 떠도 후진국이 맞습니다
'민변예우' 전관예우'
법조계 패거리들이 판을 치는 한
선진국의 꿈은 요원할지도 모른다

한국전 영웅 퍼켓 별세

한국전쟁에서 맹활약해
윤석열 대통령에게 훈장을 받았던
랠프 퍼켓(98) 미국 육군 퇴역 대령이
4월 일 별세했다
1926년 조지아주 티프톤에서 태어나
1945년 미국 웨스트포인트 육군사관학교에 입학했고
졸업한 이듬해인 1950년 당시
일본 오키나와에서 창설된 제8레인저
중대 지휘관에 자원해 부산에 왔다
평안북도 운산의 205고지에서 중대원 50여 명을 이끌고
중공군 6개 대대와 사투를 벌이다가
허벅지에 수류탄 파편이 박히는 중상을 입고
미국으로 돌아가 부상을 치료한
그는 제대를 거부했다
제101공수단 중령으로 베트남전에 참전하는 등
계속 활략을 하다가 1971년 대령으로 전역했다

당신의 한 표

대한민국의 미래
2024년 4월 10일 오늘 당신의 한 표가 결정한다
여야 모두 "나라운명 달렸다" 마지막 외침에
총선 최고 투표율 기록할 지 관심집중…
與 "분위기 반전 120석 이상 기대"
野 "PK서 선전 151석 순항"
정치에 등 돌린 2030세대
이들의 표심이 승부 가른다
비명횡사 · 지민비조(지역구는 민주당
비례대표는 조국혁신당) · 런종섭 · 대파…
민심 요동친 100일…

국민의힘 참패

2024년 4월 10일 치러진
제22대 총선에서 여당인 국민의힘은
지역구 90석 국민의미래 18석
합계 108석을 얻었다

더불어민주당은 지역구 161석
더불어민주연합 14석
합계 175석을 얻었다

여기에
조국혁신당 12석(비례 12)
개혁신당 3석(지역 - 이준석, 비례 2)
새로운미래 1석(지역 - 김종민)
진보당 1석(지역 - 윤종오)을 얻음으로써
192 거야(巨野) vs 108 소여(小與) 구도가 형성되었다

한동훈 비대위원장 사퇴

윤석열 대통령이 한덕수 국무총리와
이관섭 대통령비서실장 · 한오섭 정무수석
이도운 홍보수석 · 장상윤 사회수석 비서관 등의
사의를 수리하는 방향으로
가닥을 잡은 것으로 11일 알려졌다
여당의 4 · 10총선 참패로
식물 정부 · 레임덕 위기감이 커져
총선 패배에 책임을 지는 의미의 쇄신을 통해
국정기조 전환에 시동을 건 것으로 풀이된다
국민의힘 한동훈 비상대책위원장도
참패에 따른 책임을 지고 사퇴했다
윤석열 대통령은 4 · 10총선 결과에 대해
"총선에서 나타난 국민의 뜻을 겸허히 받들어
국정을 쇄신하고 경제와 민생 안정을 위해
최선을 다하겠다"고 밝혔다고
이 실장이 브리핑에서 밝혔다

외신들의 총선 평가

22대 총선이 여당의 참패로 끝나자
로이터통신은 "윤석열 대통령이 돌아온 적(敵)과
레임덕(return of foes lame duck)에 직면했다"라는
취지로 결과를 전했다
외신들은 이번 총선을 "2022년 0.73% 포인트 차로
집권한 윤 대통령에 대한 중간평가"라며 주목해왔다

영국 BBC는 "한국 헌정사상 처음으로
5년 임기 내내 야당이 주도하는 국회를 경험하는
대통령이 됐다"고 전했다
BBC는 "선거 과정에서 윤 대통령은 반대자들을
'공산주의자' 비판언론을 '가짜뉴스'라고 공격했다는
비판을 받았다"며
"이번 패배로 그의 권위는
심각하게 악화됐다"라고 평가했다

프랑스 르몽드는
"윤 대통령이 모든 주도권을 박탈당했다"며
"약속된 개혁을 이행할 능력이 없어졌고
11월 미국 대선에서
도널드 트럼프 전 대통령이 승리할 가능성까지 있어

더 혼란을 겪을 것"이라고 전망했다

미국 NYT와 로이터도
"레임덕에 빠질 가능성이 높다"고 보도했다
2027년 대선에서 정권교체 가능성까지 제기됐다
미국 WSJ은 "야당 인사들에 대한 수사가
정치적 동기에 의한 것으로 유권자들에게 인식된 데다
(윤 대통령은) 디올백을 받은 부인 김건희 여사에 대한
국회의 조사 시도를 차단했다"며
"다음 대선에서 한국 보수세력이
정권을 유지할 수 있을지
의문이 제기된다"고 평가했다

한일관계 등에 미칠 여파에도 주목했다
일본 아사히신문은
"윤석열 정권의 구심력 약화는 피할 수 없고
한일관계에도 그림자가 드리워질 것"이라고 봤다

몸 낮춘 이재명 대표

"더불어민주당의 승리가 아니라
우리 국민의 위대한 승리다"
민주당 이재명 대표는 4·10총선에서 압승한 다음날
서울 여의도 당사에서 선거대책위원회 해단식을 열고
이같이 말했다
지역구 의원 161석 만으로 단독 과반을 이뤄낸 그는
"과반 목표를 초과 달성하는 지지와
성원을 보내주신 점에 대해서
진심으로 감사드린다"고 했다
다만 지도부에선 "개운치만은 않은 승리"라는
말이 나오면서 긴장을 풀지 못하는 모습이다
애초 당에서 예상했던 수준에 못 미쳐
"막판 후보들의 막말 논란과
부동산 의혹을 방치한 탓에
수도권과 부산에서
10석 이상을 손해봤다"는 분석이다

조국 돌풍

4 · 10총선에서 조국혁신당 창당 38일 만에
12석을 확보하면서 '조국돌풍'을 입증했다
22대 국회에서 더불어민주당 · 국민의힘에 이어
원내 3당에 오른 조국혁신당은
윤석열 정부와 각을 세우면서 선명성을 부각하는 한편
각종 법안 처리 과정에서
캐스팅보트 역할을 자처할 것으로 보인다
조국 대표는 총선 다음날인 11일 첫 공식일정으로
서울 서초동 대검찰청 앞에서 기자회견을 열고
"검찰은 즉각 윤석열 대통령 부인
김건희 여사를 소환 조사하라"고 했다
선거 다음날부터 윤 대통령 부부와
검찰을 향해 날을 세운 것이다
조국 대표는 "검찰이 국민의 명령을 따르지 않을 경우
22대 국회 개원 즉시
'대통령 부인 김건희 여사 종합 특검법'을
민주당과 협의해 신속하게 추진할 것"이라고 했다

한편 대법원은 자녀 입시 비리 등의 혐의로
2심에서 징역 2년 실형을 받은
조국 대표 사건을 이날 대법원 3부에 배당했다

주심은 엄상필 대법관으로 앞서 조 대표의 부인 정경심 전 동양대 교수가 자녀 입시비리 혐의로 기소된 사건의 2심 재판장을 맡아 징역 4년을 선고했었다

금배지 법조인 61명

4 · 10총선에서 법조인 61명이 당선돼
국회에 입성하게 됐다
21대 46명보다 15명 늘어나며
역대 최다를 기록했다
정당별 법조인 당선인은
더불어민주당 37명
국민의힘 · 국민의미래 20명
조국혁신당 3명
개혁신당 1명 등 61명이다
더불어민주당에선 변호사 출신 이재명 대표가
검사출신인 원희룡 후보를 이기고
재선에 성공했다

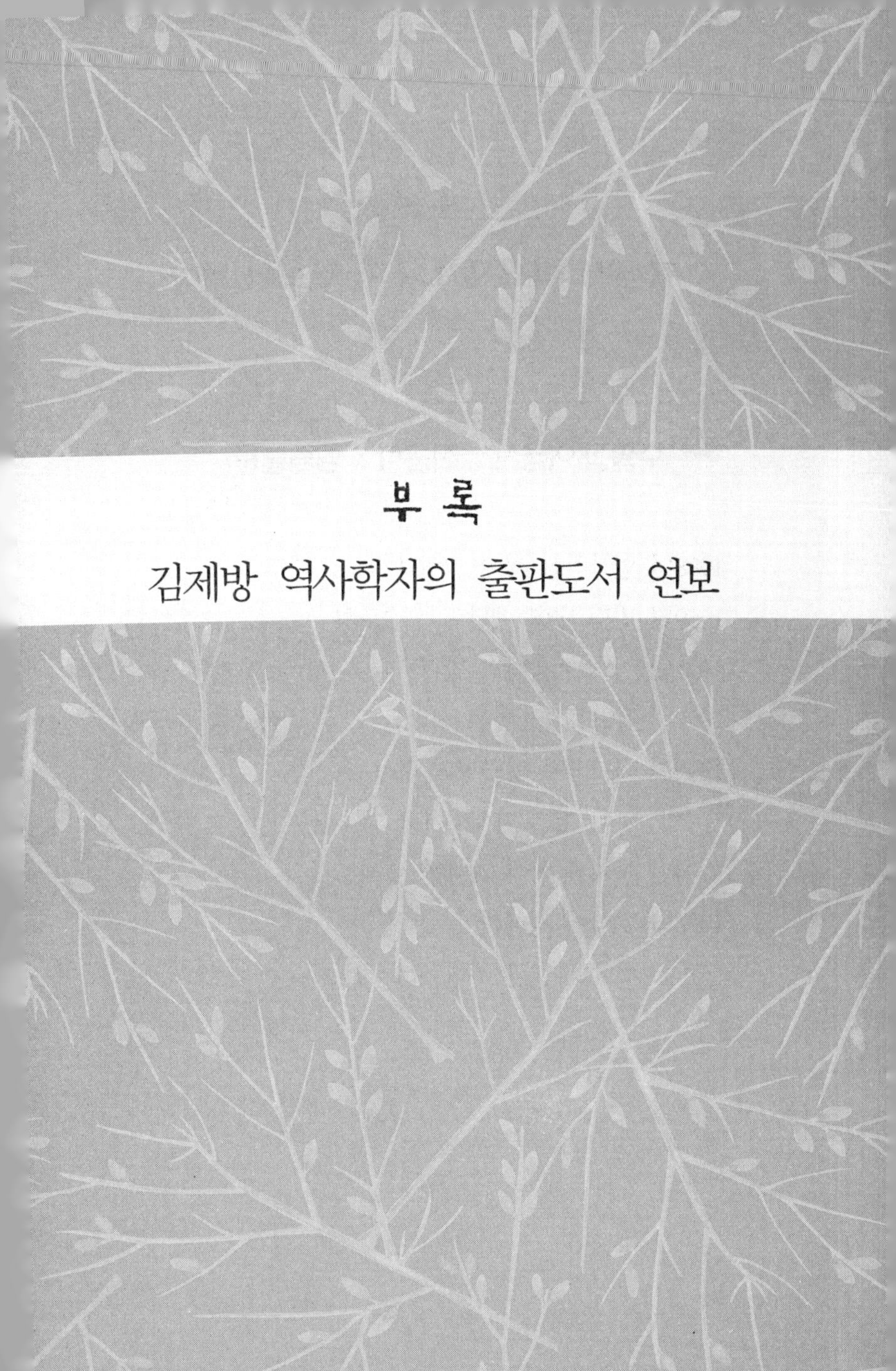

부 록

김제방 역사학자의 출판도서 연보

김제방 역사학자의 출판도서 연보

수필집(여름사 · 지문사 · 행림출판)

1988년 인간적인 것이 그립다

1989년 빌딩 숲에 매달린 고슴도치

1991년 어느 여름밤의 방황

1992년 물꼬를 터 가는 사람들

1993년 사도세자 압구정역 하차
비에 젖은 남치맛자락

1994년 둥지를 찾아 헤매는 텃새

1996년 호박이 넝쿨째 굴렀네
목화꽃이 필 무렵

시집(지문사 · 한솜)

1998년 이집트로 가는 길

1999년 오아시스로 가는 길

2000년 베이징으로 가는 길

2001년 긴 만남 짧은 이야기

왕건의 나라

장하다 홍국영

2003년 흥선대원군 · 명성황후

2004년 고종황제의 최후

2005년 이승만과 김구의 대좌

2006년 박통의 그늘

세종대왕의 실수

2007년 불타는 창덕궁

역사서(문학공원)

2009년 한국근현대사

2010년 한국중고대사

2011년 조선왕조사

한국민주화역사

2013년 성공한국사(딥씨)

2015년 한국현대사 · 1

한국현대사 · 2

한국현대사 · 3

2016년 한국현대사 · 4

2017년 한국현대사 · 5

한국현대사 · 6

2018년 세계사와 함께 읽는 재미있는 韓國史

역사서사시집(문학공원)

2018년 우면산 돌담불
2019년 한강의 기적
5 · 16혁명
2020년 박정희 황금시대
문재인 적폐시대
이승만 건국시대
전두환 오판시대
2021년 코로나 비상시대
흔들린 민주주의
박정희 100년 시대
추억의 대한제국
2022년 선진국 대한민국
선진국 원년의 한국
윤석열 대통령 시대
한국혁명의 빛
2023년 중동 건설 붐 이후
박정희 정신(통산 50권째 저서)
법조계 악성 카르텔
2024년 윤석열 외교훈풍
재판인가 개판인가
법조계의 경고음
망국의 법조계 패거리들

김제방 역사서사시집

망국의 법조계 패거리들

초판발행일 2024년 4월 30일

지은이 : 김제방
발행인 : 김순진
편집장 : 전하라
디자인 : 김초롱
펴낸곳 : 도서출판 문학공원
등 록 : 2004년 3월 9일 제6-706호
주 소 : 우편번호 03382 서울 은평구 통일로 633
녹번오피스텔 501호 스토리문학사
전 화 : 02-2234-1666
팩 스 : 02-2236-1666
홈페이지 :https://blog.naver.com/ksj5562
이메일 : 4615562@hanmail.net